今日もひとりごと

笑顔ときどき涙

時代をこえても届けたい
日々の子育てメッセージ

小泉雅子
Masako Koizumi

Parade Books

はじめに

保育ネットワーク・ミルクは一九九二（平成四）年八月から元保育士が中心となり子育て支援活動を開始しました。ただ子育て中の親子を応援したいとの思いから始まった活動も三十年以上の年月が過ぎました。多くの方との出会いがあり、多くの方とのご縁をいただきました。多くの方々の関りとご支援があればこそ今もミルクがある、支えていたつもりが支えられていたと今更ながらに痛感いたします。

一九九八（平成十）年保育室を開設し活動の一環として子育て情報紙「みるくっ子通信」を発行しました。現在は毎月一回の発行ですが、当初は私自身の手作りで記事から編集まで一人で作っていました。ノウハウも持た

ない者が作る情報紙は思いのほか大変で毎月の発行はかないませんでした。ただただ繋がりたい、少しでも子育て中の気づきとなればとの思いで作った「みるくっ子通信」、その通信のコーナーのひとつとして書き始めた「小泉ママのひとりごと」。先生としてではなく、一人の人として母として妻として社会の一員としてその時、その時に感じた「旬」の思いを書き綴ってきました。泣いたり笑ったり怒ったり感動したり悲喜こもごも、子育て中に起こるあるあるを文章にした「小泉ママのひとりごと」も子育ての当事者から先輩ママとなり、気が付けば祖母の立場となりました。

「小泉ママのひとりごと」を一冊の本にまとめて届けようとのお話をいただいたとき、長い時代の流れの中で果たして現在に馴染むものなのかと戸惑いました。しかし、子育て環境が変わったとしてもどんな時代になろうとも子育ては子育て、日々の子育ての中で感じている思いは

人それぞれ、困難と感じる人もいるでしょう、しんどいと感じる人もいるでしょう。もちろん楽しいと感じる人も幸せと感じる人もいるでしょう。そんな子育て中のお母さん、お父さんたちと、また、時代をこえて繋がり、共に喜び、共に考え少しでもお役に立てることがあれば嬉しく思います。文法知識も何も知らない者が不特定多数の方に届けることは正直怖さを覚えます。しかし『小泉ママのひとりごと、楽しみに読ませてもらっています』『少し悩みが解消しました』等々、年代、性別関係なく様々な方が声をかけてくださることが嬉しく、また勇気をいただきました。

今回、本書発行にあたり、私たちの活動に賛同しご尽力くださいました、株式会社パレード出版部森様、私の背中を押し発行までの労を担ってくださったミルク事務局、広報の皆様に心より感謝申し上げます。

本書が、時代をこえて今を生きる子育て世代のお役に立てることがあるのなら、また、一人ではないとのメッセージを届けることができたならば幸いです。

混迷した社会情勢の中、子育てされる皆様が幸せと感じる時間が増えることを、子どもの笑顔が続くことを心から願っております。

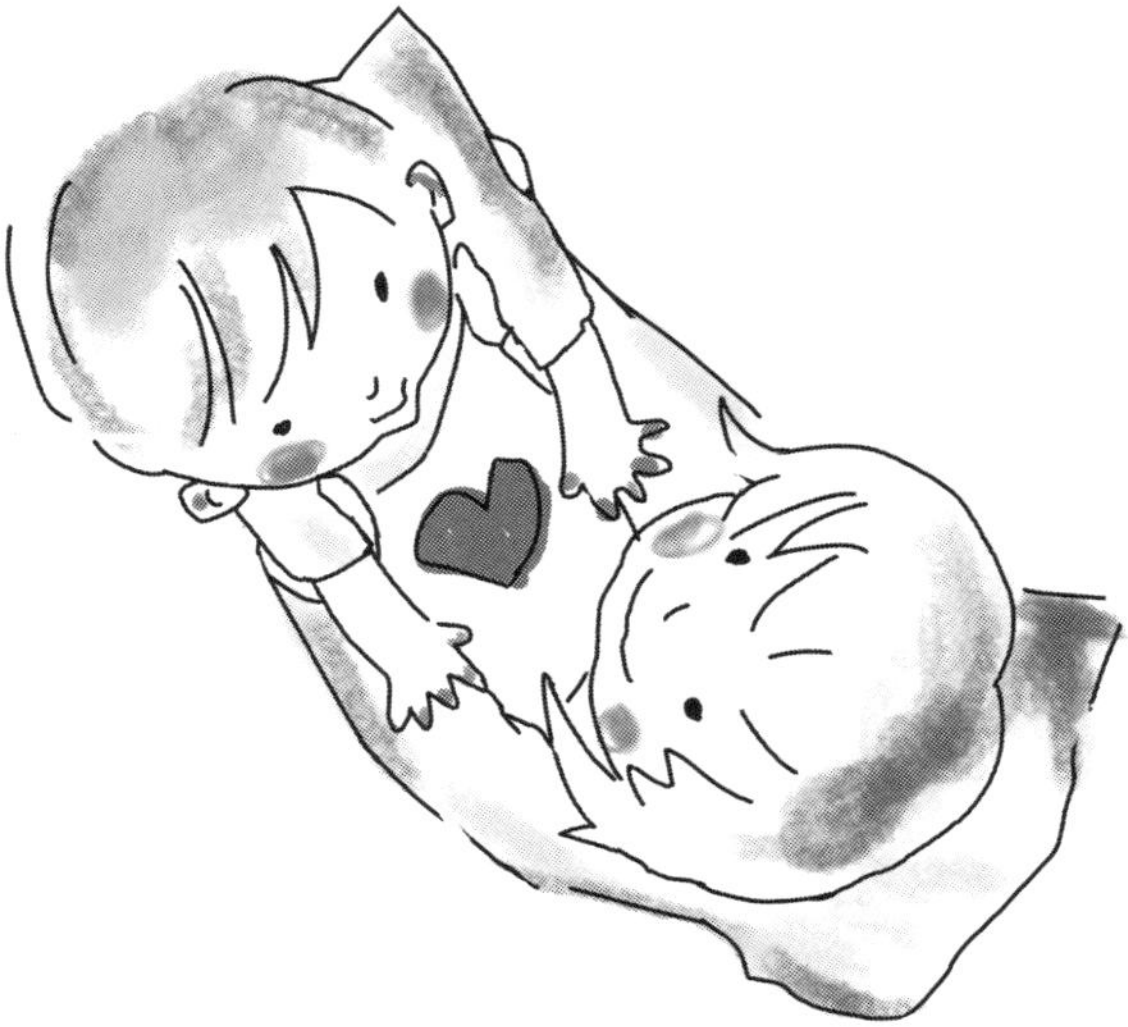

目次

第3章 エピソード 喜怒哀楽 097

第4章 メッセージ 今を生きるあなたへ 143

子育てQ&A

第1章

はじまり

親になる

『我が子を抱きしめた日』

一九九九年八月

初めて我が子を抱きしめた日の感動は、すばらしい想い出です。すんだその瞳は、私を何ひとつ疑うこともなく、輝いていました。私を信じ生きようとする我が子、母となった責任と喜びで幸せでした。そして何よりも私自身こんなにも愛深き人間であったことに驚きました。無条件に愛を与えることの喜びを教えてくれた我が子に感謝……。

あれから十七年……。たまに、愛情に条件をつけている自分がそこにいます……反省！

しかし、人間いくつになっても、感謝と反省のくり返しです。

「寝る子は育つ」

一九九九年十二月

お子さん、何時に寝ていますか？　小さなお子さんは遅くとも九時には寝かせてあげてほしいです。

夜九時～十二時の間が、成長ホルモンが活発に分泌されるとされています。「成長ホルモン」って体を大きくするだけでなく心も知恵も全て関係あるのです。

それに、自律神経を発達させる副交感神経も夜に発達するそうです。すなわち、しっかり寝ないと副交感神経が未発達で、子どもが自律神経失調症になるんですって……。ストレスに弱い子どもになるそうです。

どんな状況にあってもしっかり生きていける子に育てましょうよ！

昔の人も言っています。「寝る子は育つ」

のびのびと育てる

二〇〇一年十一月

子どもは「のびのびと育てましょう」なんて育児雑誌でよく目にする言葉です。でも、のびのびと育てるってどういうことかな……と思います。

のびのびって好きなようにさせることかな？

でも、危険なことをしていたら、やっぱりさせたくないです。他人に迷惑をかけていたら、やっぱり止めたいです。何か勘違いしていませんか？　好き勝手、自由にさせることがのびのびと育てることって思っていませんか？　子どもたちは、これからたくさんの人と出会い色々なことを経験していきます。そのときにもし、好き勝手、自由気ままに育ったら、それが普通だと思ったとしたら……。まわりの人も大変だけど、本人が一番つらいのではないでしょうか？　相手にも気持ちがあり、思いがあることを知り、人の気持ちを押しはかることができたうえで、自分の気持ちを伝えることができたなら、しっかりと前を向き自分を見失うことなく生きていくことができるのではないでしょうか。

殺伐としたこんな時代だからこそ、しっかりと人間関係を作れるようにのびのびと育ててあげたいです。決して、人はひとりでは生きていけないのです！

『さあ〜今日はどんなドラマが』

二〇〇四年十月

機嫌よく送り出そうと思っていても、つい朝の忙しさでイライラし、言い過ぎて泣かせてしまったり……。そんな日は子どものことが気になって仕方がない。

朝ごはんもそこそこに家を出た日には気になって学校へ電話で様子を聞きたくなったりして、帰宅するまで落ち着かないですね。しかし、たいてい子どもは何事もなかったかのように元気に家に戻って来るんですよね。やっぱり親の方が情けないのかな!? 保育園でも、毎朝繰り返されるドキュメントドラマ、特に朝の親子の別れ際はそれぞれの親子の思いがいっぱいつまった悲喜こもごも、まさにオープニングにしてクライマックス!

そのドラマは親にとって一日の流れすらも占う別れの儀式。楽しい一日か気の重い一日かは、それ次第だったりします。子どもはというと、別れ際、悲劇のヒロインさながらに大泣きしても、すぐに泣き止み、何事もなかったかのように遊びだしたりすることはよくあります。実に「罪深きは子どもなり」でも、親だからこそ心配するのです。

だからこそ、子どもも親を信頼し、愛をいっぱい感じて安心してすくすく育つのですね。

私たちはそんな素敵な親子の朝のメイクドラマの助演（援）者でありたいと思っております。

さぁ〜今日はどんなドラマが……。

「運命で生まれてきた子ども」

二〇〇五年十月

私事ではありますが、十月は長女の誕生月です。予定よりも、十七日早く生まれた「あわてんぼうさん」。

それに逆子だった長女は、そのまま足からこの世にでてきました。破水したうえに逆子、本来ならば、帝王切開のところを自然分娩にて出産!!

お医者さんの技術と長女の生きる力が合わさって、初産を無事に乗り切ることができました。

この歳になって、あらためて思うこと。それは、長女の出産が決して偶然ではなかったということ。

色々な人生と出会い、色々な人と出会って気づくことができた、偶然ではない《運命》……しかし、今だから気づいたことでもあり、長女の幼い頃は厳しく育ててきました。その厳しさは、子どものためと思い込んで接してきました。でも、今思えばそれは自分のプライドのためだったのかもしれないと思うことがあります。子どもを育てるのって、けっこう大変ですよね。真剣になればなるほど、しっかり育てようと思えば思うほど、力が入りすぎて、ゆとりがなくなるのです。

《運命》で生まれてきた子どもです。みんな自分の中に育つ力を持っているのです。親にできることは、子どもの力を信じること、そして、その育ちに寄り添うことなのかもしれませんね。

お母さん、お父さん、一人でがんばり過ぎないで、疲れたときは疲れたって言っても良いのですよ。

「肝っ玉母ちゃん保存会」

二〇〇八年八月

夏休みの宿題……親としては、進捗状況が気になるところですね。終盤に迫ってから慌てふためくわが子のことを考えると、つい口走る『勉強しなさい』の一言!! 子どもにとっては非常に気分の悪い一言。「言われなくてもわかっているよ!」「今からしようと思っていたのに!」と反論されて親子喧嘩に……。どこの家庭でもよくある出来事です。親子だからこそのごく普通の出来事です。決して無視することなどできないからこそ、言ってしまうのです。どうでもよければ言いません。

しかし、『勉強しなさい』の言葉が引き金となった親子喧嘩が起こったとき、かける言葉にも戸惑います。うちは違うと思っても、立て続くと不安になってしまいますよね。喧嘩も日々の関係があればこそ流していけるものです。切れない関係と思うからこそ、喧嘩もできるのです。親子も人間関係です。「喧嘩するほど仲がいい」って……言うでしょう。

ひとつだけ言えることは、今親となって初めてわかる親心、子どもの頃には決してわからなかった親心。みんな、子ども時代があったのです。自分の子ども時代を振りかえって考えると……自分だって子どもの頃には、決してわからなかった親の心だから、子どもには、わからないのも致し方ないと思えるのです。すると、かける言葉もかわってきます。

このときこそ、大人ぶって、少し冷静に……冷静に……。押し付けではなく、気持ちを語りましょう。大丈夫、戸惑いながら子育てしているのは、お子さんと向き合っている証拠……この夏休みにご自身の夏休みの思い出話をしてあげるのもいいのではないでしょうか。できれば、ズッコケた話やかっこ悪い話がいいです。子どもとの距離が縮むチャンス!! 大人になったときに、懐かしい母（父）との思い出の一日になるかも……きっと、お子さんの子育てにも生きてきます。子育て文化の継承です。

肝っ玉母ちゃん保存会（?）としては、夏の風物詩、騒がしいせみの鳴き声とお母さんの怒鳴り声……なくしたくないです。頑張れ母ちゃん!! 髪をふり乱して、必死で子育てする母ちゃんが私たちは大好きです。応援しています!!

ガンバレ日本（の母ちゃん）……オリンピック風に応援！ ……してみました。

『自分の理想通りの子育て』

二〇〇九年八月

本当に人生、何があるかわからない、わからないから面白いと言えたらどんなに楽だろうと思います。子育てだって同じ、自分の理想通りの子育てができれば苦しむこともないだろうし、悩みなんかもなくなるかもしれません。

しかし、生まれた時点でその子の将来がわかることって本当に幸せなのだろうかと思います。幸せってものは人によって感じ方が違うものです。親が理想と思う人生が、子どもにとっては理想ではないかもしれません。なぜなら、価値観は、親子であってもそうそう同じとは限らないからです。四六時中そばについていられるわけもなく、いつかは親の下から巣立つ子どもたち。どんなに小さくても人格をもった人間なのです。しゃべれない赤ちゃんであっても、自分の人生を生きようとしているのです。

そう考えると、人生の荒波をこぎ出した子どもに親としてできることは、ただ、ただ子どもにとって幸せな人生であってくれと願うこと、どんな時も母と父は、あなたの味方ですとメッセージを伝えることだけなのかもしれないと思うのです。何もしてあげられない不甲斐なさで情けなく感じるかもしれませんが、自分自身の人生を振り返れば、そのことが何よりも勇気になることはわかるはずです。苦しい時や辛い時、そこに還れば母がいる、父がいると思えば踏ん張れたこともあったのではないでしょうか。

『三人目の出産』

二〇一〇年四月

私が、はじめてわが子と小学校の門をくぐった日も随分昔のこととなりました。三人目の出産を控え入院と入学でとても不安だったことを思い出します。入院中は、私の母が留守をして二人の子どもの世話をしてくれていました。

私が入院した日、学校から帰ってきた娘が激しく荒れ、私の母である祖母を叩いて大変だったということがありました。母は、入院中の私を見舞いに来て『叱らんとたってな……』と前置きをして、その時の娘の様子を話してくれました。聴いた私は正直どうすれば良いのか戸惑いましたが、娘も入院する母と、慣れない小学校生活に対して不安な気持ちをどうすればいいのかわからなかったのでしょう。また、長女としていつも私を支えてくれていた子だったのでしっかりしなければと小さいながらにプレッシャーを自分にかけていたのでしょう。それが小さな心を締め付け、抱えきれず、祖母に八つ当たりというかたちで表れたのでしょう。その気持ちを出してくれた娘とそれを何も言わずに受け止めてくれた母に感謝でした。

そのことがあってからは、娘も落ち着き学校から帰ってからも暴れることはなく宿題をさっさとすませ、次の日の用意もすませ遊びに行ったそうです。私にとって子どもの義務教育の始まりはちょっぴり苦い経験となりましたが、私の母と娘の間には確実に絆が深まったことは言うまでもありません。その娘も二十代後半となりました。未だ独身で毎日仕事に追われていますが、祖母のことは色々と気にかけてくれているようです。

忙しい中でも祖母を思いやる気持ちは、祖母に思いやりをかけてもらったからこそ、祖母に対して「思いやり」をかけることができるのでしょう。

「優しさ」や「思いやり」は体験しなければわからないものです。

環境が変わると言うことは不安もありますが、それだけに感じることもたくさんあります。新しい環境、新しい出会いがすてきなものとなりますように心からお祈りします。

『今』できることから『はじめの一歩』

二〇一三年十二月

人生も長くなると、みんな役割（使命）を持って生まれてきたのだと思うことが、よくあります。わたしには三人の子どもがいるのですが、三人が三人とも私の人生に大きな意味があり、役目をもって生まれてくれたと感じます。誰かの代わりではなくその子自身の役割（使命）があり、その子でなければならなかったのです。それぞれの子どもに感じた苦労も喜びも全てに意味があるのです。もちろん、一人っ子には一人っ子の役割（使命）があり、幼くして亡くなった子どもにもその子の役割（使命）があるのです。

この世に生まれてきて意味のない命など一つとしてないのです。

ついつい、力が入ってしまいました……先日、「こうのとりのゆりかご（赤ちゃんポスト）」についてのドラマを見ていて『いのち』について深く考えさせられてしまったのもあって……。そうでなくても、幼い子どもや赤ちゃんが事件、事故、虐待等によって命を落とすという報道が毎日のように流れてきます。その度に、周りの大人や社会は何もできなかったのかと思うと悔しくてなりません。

『子どもの命を守りたい』の思いに共感します。どんなに小さな命であってもおろそかになどしてはいけません。子どもたちが「生まれてきて良かった」幸せと感じる人生にするのは親だけの責任ではないと思います。私たち大人が社会全体で真剣に考えなければいけないことだと思います。

「ミルク」の活動の使命をあらためて深く胸に刻み、子どもたちの幸せの未来に繋がる支援を広げていきたいと思います。私たちと共に「子どもの幸せな未来」をめざし「今」できることから「はじめの一歩」……!!

『自分が親となり気づくこと』

二〇一四年四月

自分が親となり気づくこと、感じることが、たくさんあります。何でもそうですよね。体験しなければ、その人の立場にならなければわからないことが、たくさんあります。何かと口うるさく、時にうっとうしかった親。自分が親になったときは絶対に口うるさい親にはならず、話のわかる親になろうと思っていました。自分の中に理想の親像がありました。

しかし、現実は違います。思い通りにはいきません。子どもも人格を持った存在です。子どもと私は違います。子育て中は、その当たり前のことを忘れてしまいます。ましてや小さければ小さいほど……親は、子どもを心配するものです。心配すればこそ、大切に思えばこそ口うるさくもなるし、干渉しすぎてしまうことも……自分が子どもの頃に感じた「思い」……わかっているはずなのに……今更ながら「親の愛情」に感謝です!!

私が子育て中に子どもによく言っていた言葉ですが、「親っていうモノは、因果なもので、子どものことは心配でならない、信頼はしているけれど、心配は別物」。息子は電話をうっとうしがらずに出て『生きている』と応えてくれていました。そのことを子どもたちが、どう感じていたかは分かりませんが、自分の気持ちを、押し付けるのではなく、話してみることは、悪いことではないと思います。

話さないとわからない、親の気持ち。聴かないと分からない子どもの気持ち。幼い頃から関わるから思春期の関わりがある。幼い頃から話をし、話を聴くから思春期に話ができる親子になれるのです。

思春期は、遠い先のことではありません。今が重なって思春期があるのです。愛情たっぷりに、しっかり関わってくださいね。

第2章

ポイント

成長へ向けての通過点

『あそび』

二〇〇二年五月

子どもの「あそび」は大人の娯楽の意味の「あそび」ではなく、大切な生活の一部です。子どもは「あそび」を通して、たくさんのことを学びます。社会のルールや生活習慣、そしておともだちとの人間関係も育ちます。やさしい心や、がまんする心も育ちます。

親がいくら言ってもきかなかったこと、覚えなかったことも、おともだちとのあそびの中でいとも簡単にやってのけたりすることもあります。コマなしの自転車に親が必死で挑戦させようとして、しなかった子が、仲のいいおともだちがコマなしになって、一緒にあそびたい一心で乗れるようになったってことありませんか?

子どもの「あそび」に親も「あそび心」を持ってつきあってみてください。気づかなかった子どもの成長に感激することも……。

『喃語《なんご》のおはなし』

赤ちゃんが最初にしゃべる言葉を喃語といいますよね。「アーアー、ウーウー」と決して単語ではないけれど、いつも子どもと接しているお父さんお母さんだから、いつも子どもに興味をもって、愛情いっぱいに見ているからこそ通じるのですね。他人には通じなくてもお父さんお母さんにはちゃんと通じるのですね。しっかりとコミュニケーションをとっているからこそわかる喃語、親は子どもの心を聴いているんですね。だからこそ私達支援する側の最大の注意点として「喃語をとりあげるような支援をしてはいけない」と思います。

二〇〇二年六月

『いや！　ダメ！』

二〇〇二年七月

言葉もおぼつかない子どもたち。でも「いや！」だけはとても上手に言えるのです。そんな子どもにお母さんは、手をやいてしまったり、わがままな子になってしまったと悩んでいたり……

でも、「いや！」「ダメ！」は大きな成長の第一歩「わがまま」とみてしまうと、せっかくの自我の芽生え（自己主張）が育ちません。「いや！」は「もう赤ちゃんじゃない、自分で選ぶまで、ちょっと待っててよ」というサインです。お母さん、お父さん、毎日忙しく大変でしょうけれど、少し深呼吸をして、気長に子どもの「いや！」「ダメ！」につき合ってあげてください。子どもは、自分で選べたこと、決められたことに満足して自信がもてるようになります。

大切なのは、自分で選択するまでの時間、そのプロセスです。

「いや！」「ダメ！」を認めて、あたたかく見守ってあげましょうよ。

『同じ質問で困る』

二〇〇二年十一月

子どもが何度も同じ質問をして困った経験はありませんか？

何度も同じことを聞かれると疲れてしまいますよね。質問の内容によっては、不安になったりもしますよね。

つい、パシッ！……としたくなることも……。

でもね、保育園や幼稚園でたくさんの不安を抱えて帰宅すると、「ただいま！」「おかえり」「ただいま！」「おかえり」「た・だ・い・ま！」「………」と何度も言ってみたくなるのが子ども心なのです。

妹や弟を泣かせちゃって、叱られると……お父さんやお母さんの心の中の自分を確認したくて、「ねえ、ねえ、おかあさん」「ねえ、おかあさん、おトイレ行っていい？」「おトイレ行っていい？」「ねえ……」って何度も何度も聞いてみたくなるのです。何度も聞いて、心を癒しているんです。

「けんか」

二〇〇三年五月

子どもの成長にとって「けんか」は大切です。しかし、親は「けんかはいけないこと！」と思い、仲裁に入ってしまいます。しかし子どものけんかは大人の喧嘩とは違います……。特に二～三歳の子どもたちによる「自分はこうしたいんだ！」という「自己主張のぶつかりあいによるけんか」は当然起こるべきことなのです。

そして、それは子ども達にとってとても大事な経験なのです。自己主張することで自分はこうなんだということを確認し、他の子とぶつかることで、それを越えることで、他の子を理解する力が備わってくるのです。おおいに、「けんか」を経験させてあげてください！

「がんばっているけど、思い通りにならない」

二〇〇四年二月

親が子どものがんばるイメージを勝手に作り、がんばりの理想を勝手に持って、勝手に評価して、勝手にがっかりして……。本当に親って身勝手な生きものかもしれませんね。子どもの方もがんばっているけれど、思い通りにならなかったり、やらなければいけないのはわかっていても、どうしてもやる気がおこらなかったりして苦しんでいるのかもしれません。やる気がおこらないのは、なまけていると決め付けるのはよくないかもしれません。辛くてみじめな気持ちになって、それでもがんばらなければ！と苦しんでいるのかもしれません。辛くて苦しい気持ちを受け止め支えてあげられるのは親！　調子の良いときの「がんばれ！」は勇気になりますが、調子の悪いときの「がんばれ！」はやる気をなくし、自信をなくします。

親としては何も言わないことは辛いことだけれど見守ってあげること、待ってあげることも大切ですよね！

「水あそびは精神安定剤」

二〇〇四年七月

水遊び、泥んこ遊びに、大はしゃぎ！　子どもにとって水あそびは精神安定になると聞いたことがあります。ほんと、実に、楽しそう！　砂場に水をいっぱい流して、お池ができるとねそべって泳ぎ（？）だす子……。顔に泥水がかかっても平気で遊ぶ子……。みんな、ドロドロ、ビショビショ、まさに「無邪気」って言葉がぴったりです。しかし、中には素足で園庭を歩けない子、泥んこ遊びができない子、手が汚れるのをとても嫌がる子……。私の子どもの頃には考えられなかったなと少々驚いています。

どうしてでしょう？　何をするのかわからないのが子ども。大人の思いつかないことをしてくれるから面白い……。変に大人びたことを言ったり、理屈っぽくなったり……なんとなく淋しい気がするのは私のエゴなのでしょうか……。

知識優先社会に育ってきた人たちにとって「やんちゃな心」「無邪気な心」を理解することはむずかしいのでしょうか……。子どもには、セミの抜けがらを見て、進化を教えるより、単純にすごいと感動してほしい……。きれいな花をみて、おしべとめしべを語るより、美しいと感動してほしい……。幼い心だからこそ、真っ白な心だからこそ、知識より、色々な感情を味わってほしい……。もっともっと、やんちゃ心・無邪気な心をいっぱいだしてほしい。そして私も、やんちゃな心、無邪気な心を理解できる大人になりたいと思っています。

『空気をよむってこと』

二〇〇五年十二月

敢えて苦言ですが、先日、来春一年生の子をもつお母さんから聞いた話です。新入生検診でのこと、走り回り、騒ぐ子どもたち、おしゃべりに花が咲くお母さんたち。それに対して「お医者さんが聴診器を使っています。聞こえないので静かにして下さい」と看護師さんが繰り返し注意をされたそうです。していいことと悪いこと、今何をすべきなのかを伝えることが親としての責任だと思うのですが……。

完璧な親などいません。また、完璧になる必要もありません。しかし、自分を大切にする気持ち、自分以外の人を大切にする気持ちは伝えておきたいです。お母さん同士お話に夢中になる気持ちは分かります。おしゃべりでストレス発散にもなるでしょう。おしゃべりは、大切なコミュニケーションです。でも時と場合によりますよね。最近の子どもに「空気がよめない子」が多いように感じますが、「空気をよむ」ということは、周りに関心をもって接しているか、自分以外の人に思いやりをもって接しているか、ということなのかなと思います。自分さえよければ周りのことなんて気にしませんよね。……しかし小さなときから周りに関心をもったり、思いやりをもって接してもらってなかったら、そんな体験や経験がなかったらわかりませんよね。

周りに配慮した子育てをしてみませんか。周りをみることは比べることではないです。お間違いなく。

『自然を感じる』

二〇〇六年五月

最近の若者に「人はひとりでは生きていけないんだよ」と言っても、「そんなことはない、ひとりで生きていける」と答えるそうです。「コンビニに行けば食べ物はある」と。しかし「その食べ物も多くの人の手を介している」と言っても、それはピンとこないらしいです。また、自然の驚異、台風や地震の話をしてもテレビの中の出来事であり、「自分は雪崩や津波の起こらないところに住んでいるので大丈夫だ」と考えるそうです。

この子どもたちが悪いわけではない、知らないだけなのです。自然を肌で感じる機会がなかっただけ、お米がどのように作られるか知らなかっただけ……その機会を作らなかったのは大人。

本当に大切なものは何でしょうか。すべてを他人事にしてしまう……大人である私たちにも心当たりのあることですね。今一度考えてみませんか。しっかりと自然を感じた子育て、保育を……。

「ついつい家にこもりっきり」

二〇〇六年六月

梅雨になると、子ども連れのお出かけは大変になりますね。ついつい家にこもりっきりになったりしませんか？　家の中に親子二人きりだと、一緒に遊ぶのにも疲れてきて、ビデオやテレビに頼ってしまう……なんてことありませんか？　時にはそれも仕方がないのかな……と自分の子育て時代を振り返り、思ったりもします。しかしビデオ、テレビ漬けは子どもの成長、脳に決してよくないことは、色々なところで言われています。それは、たくさんの子ども達と接していても感じます。一方的で受身な環境がずっと続くと、人とどう関わってよいのか分からなくなるのでしょうか。一方的だと自ら働かなくても事足りる、するとやる気が育たない……そんなところにも問題があるように感じるのですが……。

赤ちゃんの頃からビデオ漬けなんて考えると、狼に育てられた少女の話と重なってしまい怖くなってしまいます。ビデオ、テレビは機械です。機械に育てられた子は、心が育たない、人とのコミュニケーションがうまくとれないなど、色々と弊害を想像します。

英語だろうが、知育だろうが、ビデオはビデオだと思います……もっと肌ふれあって、心ふれあって子育てしていきたいものです。心ある人間に育ってほしいから、力が入ってしまいました。少し口はばったいことを申しましたが、ご気分を悪くされた方、「小泉のひとりごと」とお聞き流しください。

「病気」

二〇〇七年二月

ノロウイルス、りんご病、インフルエンザ……。病気が流行すると、小さなお子様のいるご家庭は心配も大きいし、看病も……色々と大変ですね。しかし、子どもが病気のときこそ親子の絆を深めるチャンス！　なんて言うと色々な事情を抱えた方もあり不謹慎だとお叱りの声もあるかと思いますが、敢えて……。

私の幼い頃の思い出の中で、病気のときに心配してくれる母の優しい顔と、おでこに触れてくれた母のやわらかい手は大切な思い出のひとつです。病気のしんどさは覚えてはいませんが、母の優しさは今もしっかりと覚えています。すりりんごと白がゆは、病気のときの特権でした。

日ごろ怖い母も、このときばかりは聖母マリア様か観音様のように見えたものです。病気のときに、私のことを心配し狼狽しつつも、しっかりと抱きしめてくれる安心感があったのです。人間らしい親子の逃げない日々の積み重ねが、優しさと厳しさの程よいバランスとなり、怖い母、厳しい母に、愛情を見ることができたのだと思います。日ごろ忙しい母もこのときばかりは、私の傍にいてくれました。親となった今、子どもの病気に狼狽しおどおどする私がいます。

子どもが病気になると、勉強が出来なくても運動が出来なくてもいい、元気でさえいてくれればいいと、親もまた子どもへの愛情を再確認するでしょう。親も色々と忙しいでしょう。ましてや仕事を持っていればままならないこともたくさんあるでしょう。

支援者である私がこのようなことを言うのはどうかと思うのですが、敢えて触れてみました。そして最後に申し添えておきます。大切なのは時間の長さではない、気持ちなんだ、内容なんだと……。

「叱る」

二〇〇七年十二月

テレビコマーシャルで「この星の大人は子どもを叱れない」というのが流れていますが……みなさんはどのように感じられましたか？「叱る」って難しいなって思います。感情的に、大人の都合を押し付けるのは「叱る」ではなく「怒る」なのかなと思います。子どもは、本来大人が守るべき存在です。幼さゆえに弱く、経験不足ゆえに判断能力が弱い、善悪をつけ行動すること、自制心をもって行動することは非常に難しいことなのです。

だからと言って「どうせ言っても分からないから自由奔放に、好き勝手にさせている」「可愛くて叱るなんて、自由にさせてあげたい」というのは如何なものでしょうか。幼いからこそ、経験がないからこそ大人、保護者、親がきっちりと向き合い「いけないことは、いけない」と伝える責任があるのではないでしょうか。大人がきっちりと伝えることは子どもとの信頼関係の確立にも繋がります。「あなたの好きなようにしなさい」なんて言われると、結構子どもは困ったりします。どうしていいか分からずとりあえず本能のおもむくままなんてことも……。

それよりは「お母さんは、こう思うんだけれど」と気持ちを伝えること、それはとても手間隙かかることではありますが、それにより子どもは『そうだな』と気づき、ちゃんとできたことで自信や勇気を得るのです。「ダメ」の禁止用語は言いたくないといわれる方もいますが、気持ちを伝えることは禁止することではありません。心に寄り添うことは、行動に寄り添うという意味ではありません。

親子関係も人間関係です。「間」「距離感」が大切です。とは言っても、二十四時間、三百六十五日年中無休の子育てです。親が切れるなんてことにならないように、大人、親の心の健康にも十分気を付けてくださいね（子育てに疲れたら……保育ネットワーク・ミルクでひと呼吸を……!!）。

「しつけ」

二〇〇七年十二月

親として自覚をすればするほどに「しつけ」が重く圧し掛かります。しっかり育てなければ、優しい子に、かしこい子に、思いやりのある子にと……。しかし、子育てはそんなに思い通りにはいきません。初めてわが子を抱きしめ良い親になろうとしたあのときの感動も、理想と現実の狭間で、こんなはずではなかったと親としての自信はなくなり、夢は、もろくも崩れ落ち……。それでも、諦めるわけにはいきません。自分の子と思えばこそ力も入る、可愛いからこそ必死にもなるのですね。ついつい完璧を求めたくもなるのでしょう。しかし、完璧を目指すとしんどくなります。辛くなります。親も子も……プロ野球の選手だって三割打てば一流です。

子どもは、たくさんの人との出会いや豊かな経験、体験のなかから、たくさんのものを身に付け学んでいきます。親や大人はその出会い、経験、体験を援助していくことが大切ではないかと思います。子どもは周りの大人、親に優しくされることで優しさを覚えます。優しく接してもらうと周りの人に優しく察することを覚えます。そして大人になって自分がしてもらったように子どもに、そして自分の子に優しく接していくのです。優しさは引き継がれていくのです。まさに「優しさの継承」親として大人として伝えておきたいことのひとつではないでしょうか。

「しつけ」とは、「これだけは伝えておきたいもの」を伝え、「これだけは譲れない」ものに対してだけ凛とした態度を示すことではないかと思います。

「心育て」

二〇〇八年三月

年々季節の遊びも昔のようにままならないようになってきましたが、自然からは学ぶものは多くあります。知恵や文化だけではなく、感性も……!! また、自然と共生している事実を知ると、人間謙虚にならざるを得ません。大きくは環境保全にもつながるのです。

優しい子に、思いやりのある子に育ってほしいと願われるお父さん、お母さん、自然こそが最高の教師です。是非、自然の中でいっぱい遊び、いっぱい触れさせてあげてください。勉強も大切ですが、まずは心育てから……!!

「命の尊さ」

二〇〇九年九月

私の子どもの頃は、昆虫は買うものではなく捕まえるものだったのに……。

夏休みラジオ体操の帰りに、友だちや上級生と一緒にセミやカブトムシ、クワガタ捕りをするのがお決まりでした。朝ごはんも食べずラジオ体操からなかなか戻らないことに、よく叱られたものです。

しかし、そんななかで、知らず知らずのうちにどんな所に、どんな虫が隠れているか、虫の好むものはなにかなど年上の子に教えてもらったり、経験の中で覚えたりして虫の生態を知ったものでした。そして、自分で苦労してようやく捕まえたカブトムシは、宝物となり、大切にして、虫かごの掃除や餌やりをしました。朝目覚めるとカブトムシが死んでいたときの悲しかったことを思い出します。手をかけてきたからこそ限りある命を小さな体いっぱいに感じたものです。遊びの中から、心も、体も知恵も育ったように思います。たかが虫、されど虫、自然との共生こそが、かけがえのない教師だったようにも思います。

カブトムシを買ってもらい、保育園にもってきた子どもが、カブトムシを玩具のように荒く扱い、餌もやらず、世話もせず死んでしまうと「また、買ってもらおう」と簡単に言ってのける姿にがく然としました。しかし考えてみれば、文具コーナーに置いてあること事態、子どもたちに「命を感じて」と言っても難しいことかもしれません。自然環境の破壊が問題視されるなか、思うように自然の中を駆け巡ることが許されない現在の子ども達に、何をどう伝えるかは、一足早く生まれ、生きている大人の責任だと思います。効率的な時代だからこそ、手間隙かけて伝えなければ伝わらないものがいっぱいあります。そのひとつが小さな虫にもある「命」です。命の尊さを大人として伝えていかなければ、子ども自身気づくことは難しいことです。買って与えるだけではなく、命の大切さも一緒に伝えたいものです。

「思春期」

二〇一〇年六月

人生、何が起こるかわからない、わからないからからおもしろい！のです。……と言っても、わからないことへの畏怖、不安、心配はなかなかぬぐえないものです。「取り越し苦労」と言って幸せにならないと思いつつも、思えば思うほど不安はつのりますよね。

子どもも思春期になると親の許容範囲をこえ、行動範囲が広がります。おしゃべりだった子が急にしゃべらなくなるとますます親は心配でたまらなくなります。すると「どこに行くの？」「誰と行くの？」「何をするの？」と矢継ぎ早の質問攻め、子どもは「うるさい！」「うざい‼」と言いたくなります。「何で信じてくれないんだ」と親子の関係は最悪状態に……。なんて経験はありませんか。

私も三人の子どもたちの三人三様の思春期では、結構苦労しました。「うるさい」と何度言われたことか。「信用できないのか」と何度険悪なムードになったことか。その度「親は子どものことを心配するもの、親の性なのよ」「あなたを信用していないわけではない。何が起こるかわからない社会が信用できないだけよ」と必死で向きあってきました。繰り返し、繰り返し「信用はしている、しかし、心配は別」と言ってきました。

高校三年になった息子が、夜遅くまで帰ってこなかったときのこと、心配になった私は息子の携帯に電話しました。電話にでた息子は一言「生きてる！」と言って切ってしまいました。つっけんどんな言い方でしたが、ほっと安堵したことを思い出します。「生きてる」の一言に、私への思春期の息子なりの思いやりを感じた出来事でした。

子どもに自分の気持ちを押し付けるのではなく、気持ちを伝えることが大切だということを痛感しました。「どうせ言ってもわからない」なんて親も子もお互いに諦めないでほしいと思います。

「子どもを産んだだけでは親にはなれない」

二〇一〇年一〇月

幼児虐待につては社会的に大問題となっていますが、本当に悲しいことです。それは、若い母親と再婚相手による虐待のニュースでした。二人は『しつけのつもりだった』と……十五歳で母親となり、再婚を期に七歳に成長した子どもと一緒に暮らしはじめた母親……若くして母親になった少女は、本当に母親になりたかったのだろうか、子どもを育てる覚悟はあったのだろうか……人生たかだか十五年で「母親らしくして！」という方が、所詮無理な話だと思うのです。二十三歳で再び掴んだ幸せ、逃したくないと思ったとしても自然なことでしょう。若くして産んだ事をとやかく言われたくないと思うと、しっかり育てなければ、しっかり育ってくれと思わざるを得ないのかもしれません。自分の人生をこれで良かったと思うためにも、もう子育ても結婚も失敗はできないと思ったのかもしれません。……そんなことを色々考えると、切なくなります。

虐待は絶対にあってはいけないことです。単に子どもを産んだだけでは親にはなれないのです。生まれてから手を掛け、世話をし、関わるから親になれるのです。ときには、どうしたら良いのかわからず情けない親である自分に、ただただ涙することしかできない……。悩み、苦しみながらも甘えてくる我が子を抱きしめるのが精一杯。悩みながらも関わるから情が深まり、甘えを受け止めるから愛着がわく。関わらなければ親子にはなれない、関わるしかないのです……。

しかし、家族形態の変容、親子関係の愛着関係の希薄が、虐待と大きく関係しているようにも思うのです。この機会に、「家族とは……」「親とは……」「親子とは……」何なのか考えてみようと思います。そして、子どもたちに「家族」「親子」の大変だけれども逃げない存在であること、うっとうしいけれど癒される存在であること、何よりかけがえのないものであることを伝えなければと強く思います。

みなさんもよろしければ秋の夜長に「もし家族がいなかったら……」「もし子どもがいなかったら……」「もし親子でなかったら……」と考えてみられてはいかがでしょうか。

「見て、まねて、学ぶ」

二〇一〇年十二月

小さな頃から本当に厳しくしつけてもらったからこそ、自然に身についた礼儀があると感謝しています。大きくなって言われてもなかなか身につくものではありません。また、口で言うだけでも駄目です。まずは親が自ら態度、行動で示さないと子どもには伝わらないです。子どもたちを見ていてつくづく感じます。お母さんが丁寧に挨拶されるとお子さんも、気持ちよく挨拶をしてくれます。丁寧にお話されるお母さんは、お子さんも綺麗な言葉でお話をします。子どもは「見て、まねて、学ぶ」といいますが、立ち居振る舞いまで学んでいるのですね。

立ち居振る舞いは人間関係にも大きな影響を与えています。日本には、茶道、華道、武道等お作法の文化があります。人と人とのつながりの中に生きた文化、礼で始まり礼で終わる。優美でしなやかで、人を大切に思いやる心が流れています。何と言っても品があります。良いですね。伝えたいですね子どもたちに。形ではなく人を大切にする心、挨拶を交わせる心地よさを……！

お正月はチャンス!! 新しい年の喜びを込めて「おめでとうございます」と親子で交わす挨拶から始めましょう。きっと、清々しい年の幕開け間違いなしです!!

「早寝・早起き・朝ごはん」

二〇一一年二月

やはり子どもの体のリズム、ホルモンのバランスからみると「早寝・早起き・朝ごはん」は子どもの成長においては、ごくごく当たり前のことであり普通にできることなのだと思いました。「朝ごはん食べないんです」と言う方がいますが、「食べないのではなく」「食べられない」のです。早く寝ると早く起きられる、早く起きられると朝ごはんもおいしく食べられる、朝ごはんを食べると体温が上昇し一日の始まりのウォーミングアップができるし、ウンチもすっきりでるそうです。全てに連動している、生活リズムひとつでも崩れると全てがおかしくなるのです。

生活リズムが崩れると「注意集中が困難」「イライラする」「じっとしていられない」「歩き回る」等の弊害があるそうです。保育園でも時折、朝ごはんを食べずに登園してくる子がいますが、午前中ゴロゴロしていたり、何に対してもやる気がなく無反応であったり、イライラして友だちにあたっていたり……。子どもの小さな体はとても正直です。

ちなみに、「菓子パン」や「チョコレート」「飴」などは朝ごはんではありません。朝ごはんは「内容・量・ゆとり」が大事です。とは言え、小さなお子さんがいると何かと忙しいです。「わかっているけど……」「そんなにうまくはいかない……」「どうしたらいいの……」という声も聞こえてきます。例えば、朝ごはんの一品を具たくさん味噌汁にしては如何でしょうか……規則正しい生活リズムは、子どもに任せていてできるものではありません。もちろんお母さんだけ頑張ってもダメです。家族で取り組まないとね。もちろんミルクも応援します。

追伸　ミルクは、「子どもたちの生きる力」を引き出し支えることを使命とし、規則正しい生活習慣を目標に活動していますが、正に「生きる力」は「早寝・早起き・朝ごはん＋運動（ふれあい遊び）」だと確信。

『六歳までの体験』

二〇一二年六月

「金環日食」を見られましたか？　すごかったですね。子ども達にとっては、驚きと感動は、しっかりと刻まれたことでしょう。

私も小学校の頃に日食を体験しました。昼間なのに、太陽が黒くなり薄暗くなっていく現象になんとも言えない脅威と感動を覚えたものです。その記憶は、そのときの風景と共に今もしっかりと心に刻まれています。幼い頃に「わぁ～すごい」と思える経験は子どもたちの感性にしっかりと響いたことでしょう。いいときに生まれ遭遇できた子ども達ですね。

人格形成の基礎は、六歳までの体験で作られると言われています。

しっかり関わってもらった子どもは、自分の存在を自覚します。自分の存在を受け入れられた子は、他人も受け入れられるのです。「優しさ」は、優しくされた経験がないと優しくできないものです。

三歳までにいっぱい抱っこして、いっぱい話しかけて、いっぱい関わってあげてください。

そうすれば、子どもの肯定感は育ちます。愛された経験が多ければ多いほど子どもの人生を豊かにするのです。三歳以上になれば、社会のルールも少しずつ、少しずつ……。「わぁーすごい！」「わぁーきれい！」等、感動体験は、豊かな感性を育てます。そして、大人が一緒に「わぁ～」と感動してあげてより効果が!!

――先日の「金環日食」夕方のある親子の会話――

子「今日、きんかんにっしょく見たな」
母「そうね。すごかったね」
子「うん、すごかった。明日も見ようね」
母「……明日は、ないのよ……（苦笑い）」

『いじめ問題』

二〇一二年八月

いじめの問題は、今に始まったわけではないはずです。以前は、学校や先生がもう少ししっかりと対応できていたように思うのですが……。「いじめ」にしても「虐待」にしても大人として責任、自覚に欠けているのではないでしょうか。大人と子どもは対等でなければなりません。「対等」とは子どもと大人が同じことをするという意味ではないです。子どもは、大人が守らなければ生きていくことは難しいです。幼さゆえに判断を見誤ることもあります。無条件に守られてこそ、正しく導かれてこそ、はじめて「対等」と言えるのではないでしょうか。

今あらためて「先生」って何だろうと思います。ただ単に先に生まれた人ではなく、先に生まれたからこその意味がそこにあると思うのですが……。「隠ぺい体質」って結局自己保身でしかないですよね。もっと相手を思いやる気持ちがあれば……と思います。人間の心には、色々な感情が生まれます。決して善の心ばかりではありませんよね。妬み、恨み、それねみといった醜い心もいっぱいあるのです。そして、人間だからこそ喜怒哀楽の感情があります。私たちは生身の人間です。たくさんの葛藤を抱えつつ生きていきます。子ども達はまだまだその心や感情とうまく付き合うこと、受け入れることができません。だからこそ、大人の見守り、寄り添い、導きが必要不可欠なのです。大人の優しさや思いやりの中で子どもは「優しさ」や「思いやり」を身につけていくのです。間違ったときは、とやかく言わずに、まずは「ごめんなさい」と言える大人になりましょう!! そして、大人として子どもに出来ること、しなければいけないことを一緒に考えませんか?

『ことば』

「二歳からのスマホ〜」なんて文字にドキッ‼っとしました。私の子育て時代によく言われたのが、「テレビに子守りをさせてはいけない」。それが「ビデオ」や「ゲーム」になり、今では「スマホ」……。小さな頃からテレビを見せ続けることは、子どもの脳の発達やコミュニケーション力に弊害があることは化学的にも証明されていますが、「スマホ」もしかりだと思うのです。

子どもは、自分の気持ちや思いを伝えるために言葉を身につけていきます。関わるから気持ちも思いも湧いてくるのです。ひとりっきりだと話す必要もわかってもらいたいという気持ちも出てこないですよね。仮に言葉を知っていても話すこともないですよね。「言葉」は訓練するものではなく、使うものです。関わって、ふれあって、楽しい、もっともっと遊びたい……。そんな気持ちが高まって「もっと」「もういっかい」「うれしい」「おもしろい」……。そして「おもしろい、もういっかい」と二語文に言葉が増えていきます。

二〇一三年十月

一方的なテレビやビデオのようなものは、応答的ではありません。相手があるということは、「間」や「融通性」「臨機応変」ということも自然に身に付けていきます。それらは、頭で考えて出来るものではありません。経験の中で肌になじませるように身につくのです。

最近、空気のよめない若者が増えたと言われますが、幼児期のコミュニケーションの経験が、要因の一つではないかと思います。子どもの幼児期に関わる者として、責任を感じずにはいられません。もっと楽しんで子どもと関わっていってほしい、そのためのお手伝いをこれからもしていきたいと強く感じます。

余談ですが、二歳になった孫、思いを通そうと見事な泣きマネ！ その演技力は女優ばり!! 関わりの中で学んだコミュニケーション力!! 参りました。

『お手伝い』

二〇一四年五月

普段、お仕事でお忙しいお父さん、お母さん、お子さんとお家のことを一緒にする日があっても良いと思います。

「お家のごはんは誰が作っているの？」の質問に「知らない。もう出来ているから」と答えた子がいました。掃除もお掃除ロボットの時代ですが、お家のこと、洗濯や掃除、食事の支度等家族で一緒にすることで、お家への愛着、家族の連帯感、優しさや思いやりが育つ機会になると思います。家のことを家族と一緒にすることで、自分もこの家の一員であると自信がもて、家族の役に立っていると思えることが肯定感となり、安心に繋がるのです。

自分なんかどうでもいい子と思わせないようにお手伝いをさせてあげてください。そして、出来たことをう〜んと褒めてあげてください。料理も自分が手伝って作ったものは、おいしく食べられるのです。自分で掃除をすると片付けようと言う意識が育ちます。「手伝わない」「片付けない」と嘆く前に、出来るお手伝いをさせてあげてください。自分でやった方

が、「早い」「綺麗」はわかりますが、ちょっとの我慢で未来は開ける‼

小さな頃から家のお手伝いをしている子は、社会に出たときにとても気のつく人になっているると感じているのは私だけでしょうか⁉

「子どもと絵本をたのしむ」

二〇一四年六月

鬱陶しい梅雨の季節、また急に暑い日が続く、また、ＰＭ２・５に光化学スモック、小さなお子さんがいる家庭では心配が増えますね。昔は子どもと言えば、元気に戸外で駆け回るものって感じでしたが、子どもが犠牲になる嫌な事件も多くあり、ままならない時代だと感じます。

幼児期に十分に戸外遊びを体験できないでいると、戸外遊びの楽しさが分からないのも仕方がないことかもしれません。しかしお部屋の中でも、いくらでも関わって遊ぶこと、子どもの感性が育つことがあります。

三歳の孫に「ｉＰａｄ」をプレゼントしたなんて話を聞きましたが、これも時代なのでしょうか？　私としては「ｉＰａｄ」の前に「絵本」を……と思うのです。膝の上で絵本を見たり、おやすみ前に絵本を読む、状況に応じてゆっくり読んだり、登場人物に応じて声を変えてみたり、アドリブを入れたり、子どもと絵本をたのしむことで、子どもの感性が豊かになり、創造力も養われます。

一方的なビデオでもＹｏｕＴｕｂｅでもなく、生身の関わりだからこそ育つ感性と想像力……いいですね！　楽しみですね！

「好きなことを伸ばす」

二〇一四年九月

「子どもの好き」なことを伸ばしてあげると、苦手なことや嫌いなことが出来るようになったり、苦手意識が薄くなると聞きました。誰しも「好きなこと」には、努力を惜しみませんね。もっと上手くなりたい、もっと知りたいと前向きな思いになります。そのために本を読んだり、工夫したり研究したり練習だっていっぱいします。すると自然に能力は高まり、知識が豊かになり頭が良くなりますね。気がつくと、苦手なことも出来るようになったり、気にならなくなったりすると言うのです。

確かに、好きなことを一生懸命取り組み、それを周りからも認めてもらえると、肯定感になります。肯定感はやる気や勇気になります。そして、優しさ、思いやりの心も育てます。「好きなこと」を精一杯すると楽しくなって嫌なことでも、やってみようかなと思ったりしますよね。

大人は、子どもの「好き」に、どれだけ真剣に付き合ってあげられるかが大事です。大人や親の「好き」ではなく子どもの「好き」……漫画が大好きなうちの子どもたち、たかが漫画と笑うなかれ!! とことん漫画を読ませていると、気がつけば活字好きに。その分雑学たるやすごいものがあり、親の私が色々と教えられることも多々ありました。大人になった子どもたちにとって、雑学は生きる知恵になっているようです。

お子さんが「本当の好き」に出会えるように応援してあげてください。

「うちの子に限って」

二〇一四年十月

「うちの子に限って」ということは、希望的妄想にしか過ぎないと思うほうがいいです。子どもの「自由」を守るというのは、親が子を「ほったらかし」にすることではありません。「子どもがやりたいと言うから」と何でもさせていいということではないのです。「わがまま」「自分勝手」と「自由」は違います。子どもを好き勝手させることは親としての責任を放棄していることになりかねません。子どもはしっかりしているように見えても、まだまだ経験も少なく、良いこと、悪いこと、危険なこと、安全なことがわかりません。駄目なことは駄目と、きちんと伝えてあげることが大事です。我慢してわかる「自由」の喜びです。子どもの「自由」は大人の見守る優しい眼差しと、安全な環境の中でこそ、「自由」というものがあるのです。小さなお子さんからは絶対に目を離さないことが、まず鉄則です。手を離しても、目を離さない!!ということです。

大人や親が見守る、安全な空間で子どもをのびのびと遊ばせてあげてください。

お子さんを守るための防犯対策、ご家庭で話し合われては如何でしょうか。

「環境への順応」

二〇一五年五月

新年度が始まって一ヶ月が経った頃、保育園の新入園児たちは環境にも慣れはじめ、笑顔もたくさん見られるようになり、お友達と楽しそうに遊ぶ姿も見られるようになります。やっぱり環境への順応力は素直な子どもたちのほうが高いと感じます。変に抵抗をしないで、素直に受け入れたほうが馴染むのも早いでしょうね。その代わり、最初は全身で抵抗してきますが……大泣きする子、隙あらば部屋から逃げようとする子、ひたすらに目を閉じ現実逃避を決め込む子、その姿は人それぞれですが、ひとしきり気持ちを出すことで、今（環境）を受け入れることができるようです。

大人は色々と心配であれやこれやと言ったり、やったり、時には心配のあまり頑張れと叱咤激励してみたり……。しかし、それは返って子どもを混乱させかねません。子どもたちは、大人が思う以上に環境への適応能力が高いのです。大人は子どもの気持ちに寄り添い、見守って安心させてあげることでいいのだと思います。家に帰れば話を聞いてくれるお母さん、お父さんがいると思えるから頑張れるのです。

お休みの日には、どこかへ出かけるのもいいのですが、お家でゆっくりすごして、子どもと一緒に衣替えやお部屋の掃除も案外いいものですよ。お花を植えたり、家庭菜園っていうのもいいですね。お家で大好きなお母さん、お父さんと過ごすことは最高のリフレッシュ、気分転換ですね。

余談ですが、家のお手伝いをさせることで、自信や肯定感に繋がるのって知ってましたか。親にとっても、子どもにとっても良いことなんだそうです。

『やる気を引き出す「ことば」かけ術』

二〇一五年九月

痛いほどの日差し、むせかえるような強烈な暑さ、しかし朝夕の冷えに秋を感じる頃は温度差に体調を崩してしまいそうです。そして新学期が始まり、子どもたちは幼稚園、学校へ。しかし長い夏休みと酷暑で大人も子どもも少々お疲れ気味……。なんか、体がだるい、やる気がでない……。病気になる前に、まずは早寝早起き、食事も規則正しい時間にバランスの良いものをしっかりとって生活リズムを取り戻すように心がけましょう。

ここで、今こそ、『子育てに生かす保育士が教える子どもの興味、やる気を引き出す「ことば」かけ術』です。

●「やってみたらおもしろかった」の経験の積み重ねが、子どものやる気を育てます。「やればできる」「自分でできた！」と感じられるようなことばかけや援助をしましょう。

●否定や他の子との比較は禁物です！

●「この間はできなかったのに、できたね。すごい！」と成長を認める褒めることばもかけましょう。

【キーワード】受け止める・自尊心をくすぐる・スモールステップ・見通しを示す

小さな子どもには・擬人化する・暗示にかける、なんかもいいですね。

「痛いの、痛いの飛んで行け！」ですね。

なんやかんやと行事も目白押しの秋‼　参考にしていただければ幸いです。

『「あせも」をつくらないための三つのポイント』

二〇一六年八月

汗をかきやすい季節によくできる「あせも」。「あせも」はおでこやひじ、首の周りなど汗がたまりやすく、皮膚がこすれる場所にできます。あせもぐらいと侮るなかれ！　肌の弱い子やアトピー肌の子にとっては「あせも」からとびひに悪化するケースもあるので注意してあげてください。

「あせも」の原因は、もちろん汗ですね。子どもは汗っかきです。大人は汗をかいたら拭いたり、着替えたり出来ますが、小さな子どもは自分で汗を拭いたり服を着替えることは難しいです。大人が気を付けてあげないといけません。

あせもを作らないための3つのポイント

●薄着が基本です。

●吸湿性のよい木綿の肌着を身に着けましょう。

●汗をかいたら着替える、タオルでふく、シャワーで流すなどして、常に肌を清潔にしましょう。

ところで、最近、肌着を着ていない子をよく見かけるようになりました。Tシャツ一枚だけの子も……。Tシャツは、肌着変わりにはなりません。Tシャツは汗を吸ってくれません。汗をかいたままでいると、あせもや風邪の要因になります。

余計なお世話かもしれませんが、暑いときこそ、木綿の肌着の着用をおすすめします!!

「アタッチメント（愛着）」

二〇一六年十二月

街にはイルミネーションが飾られてあちらこちらからクリスマスソングが聞こえる季節。どんな一年でしたか?

多くの方の力をお借りし、支えられ、助けられて今があります。「よくここまで歩いてきた」「頑張った」と褒めてあげたい一年! 自分にも仲間にも支えてくださった全ての人にも感謝、感謝の一年です。人生八十年……半分以上を生きてきましたが、まだ「希望」と「夢」が持てることがありがたくつくづく幸せだと実感です。

「幸せ」ってやっぱりお金ではないですね（ないよりはあった方がいいことは、いいのですが……）。「あてにされている」「一人でない」と思うとやる気も、生きる意欲も出てきます。だから、あなたの周りの人、子どもに「あなたが必要」「あなたが大好き」と、ことばにして伝えましょう。きっと「幸せ」がやってきます!!

危機や不安を感じる状態（ネガティブな情動状態）を強くて大きな存在にくっつくことで

危機・不安が取り除かれ、ホッとする（安心する）ことを「アタッチメント」と言います。不安なとき、寂しいとき、自信がないとき、大好きなお母さんにギュッとしてもらうと安心できますよね。保育園、幼稚園、学校から帰ってきた子どもの様子がいつもと違うなと感じたら何も聞かず、まずはギュッとしてあげてください。安心したら子どもは、勇気が湧いて、話し始めるかもしれません。そして、また頑張ろうと思えるでしょう。

「さんぽ」

二〇一七年五月

新しい生活にもようやく慣れた頃、一方では緊張がほぐれ、疲れが出始める時期、五月。巷はゴールデンウイーク、旅行、テーマパーク、帰省等々色々計画もしておられる方も多いのではないでしょうか。その計画のひとつに、お弁当を持ってハイキングはいかがでしょうか？

最近子どもたちを見ていて、椅子にきっちりと座れなかったり、机に寄りかかっていたり、すぐ寝転がってしまったりと、背中や腰の筋肉が弱い子、体幹の弱い子が増えているように感じます。筋肉は使うことで育っていくものだと思うのですが……。ハイハイをあまりしないで、すぐに歩く子が多いのも何か関係があるのでしょうか？　最近では、どこに行くのも車……（私も人に言える立場ではないのですが……）随分大きくなってもベビーカーに乗っている子も見ますすね。

大人も子どもも「歩く」機会が減ってきていることも何か関係があるように感じます。

連休出かけなくても、家の近所をゆっくり歩いて散策なんていいと思いませんか。お勧めです。お子さんとのんびりと歩きながら話しするのも、またいいものですよ。子どもの気持ちや成長に気づいたりして気持ちが穏やかになります。親子の思い出になりますね。子どもが小さな頃の思い出として、お父さん、お母さんと歩くふるさとの原風景……いいと思いませんか。心にも体にも良い時間をお過ごしくださいね。

余談ですが、大人になった時、「ふるさとの原風景」って苦しさや寂しさ等の支えになったり、一歩を踏み出す勇気になったりするものです。

いずれにしても出かけることが多い連休ですが、ゆっくり過ごす日も作ってあげてくださいね。連休明け疲れた体で始まる一週間は、気分が乗らず子どもも大変です。

『何事も『間』が大切』

二〇一八年五月

何事も「間」が大切です。「間」がないと緊張感から周りが見えなくなりますよね。特に人間関係には「間」が重要です！

私は人見知りで、初めて出会う人には緊張してしまいます。その人がどんな人で、どんな価値観を持っていて、何が好きで、何が嫌いなのか……。自分は受け入れてもらえるだろうか、嫌われないだろうと色々考えると、構えてしまいます。

構えると、相手を理解するどころか、自分さえも見えなくなってしまいます。良く思われたいと思うと自分の嫌なところ、弱いところを隠したくなりますよね。そうすると相手だって自分を隠したくなります。お互いに自分を隠したままの関わりでは、緊張しかなく、自分を隠すことばかり気にしていると、相手を理解することはできませんね。一度きりの一見さんの関係ならそれでもいいのかもしれませんが、同じ学校、同じ職場ではそれでは、良い関係づくりなどできるわけがありません。お互い理解し合えるまで色々と衝突もあるでしょう。

誤解もあるでしょう。

しかし、そんな日々を重ねながら、お互いに理解し尊重し信頼関係が構築されるのだと思います。誤魔化しや逃げでは、良い関係などできません。しんどいでしょうが、その先にはきっと光がさしているはず!! 春は、お互いに良い関係になるための準備期間、程よい「間」と、心が疲れた時は、休憩も忘れずに!!

「休憩」は「逃げ」ではありません。良い関係づくりの栄養補給です!

「人間関係のおはなし」

二〇一八年六月

「十人十色」「みんな違って、みんな良い」とわかっていても、本当にままならないのが人間関係、仕方ないことです……。時として鬱陶しい人間関係、しかし、それを救って、楽にしてくれるのも人間関係です。近づきすぎると鬱陶しくて、離れすぎると寂しい……という感じでしょうか。

人間関係も通りすがりの人やほとんど会うことのない人であれば嫌な思いも一瞬、怒りもそのときだけでいいのですが、同じ職場で毎日、顔を合わせ、仕事を一緒にしている逃げられない関係の場合は、しんどいですね。

苦手と思ってしまえば、何をしても、何を言われても、悪く思ってしまい、良い風にはとれませんよね。もちろん、苦手意識は、関係を良くしません。それどころか自分の心もどんどん疲れていきます。そんなとき、私はその人の良いところや意外なところを見つけることにしています。「あいさつはどの人にもちゃんとしている」「整理整頓が上手」「いつもきれいに掃除してくれる」「時々見せる笑顔がかわいい」等といった感じです。そんなことを重ねていくと、自分の心が楽になってきます。すると不思議に関係が良くなっていたり、苦手と言う気持ちが薄れてきたりします。人間関係が良くなるのは言うまでもないのですが、何と言っても自分が楽になります。逃げられない人間関係だからこそ有効です。小泉ママの人間関係の作り方のポイントその1でした。

最後にもう一言「十人十色、みんな違って当たり前！　百人いれば百通りの人生がある!!　モノは思いよう！　楽しんでいきましょう!!」

「水分補給」

二〇一八年八月

「水分補給が大切なのはわかるけれど、どうしてあげればいいの？」と聞かれたことがあります。参考までに子どもは大人に比べて汗っかきです。特に〇歳から二歳の頃は新陳代謝がよく、おしっこの回数も多いので、たくさんの水分が必要です。のどが渇いていても言葉で伝えられないこともあるので、大人が気を配ってあげないといけません。これもよく聞かれるのですが、「ミルク」は、水分ではなく栄養分です。水分補給には、吸収のいい湯冷ましや麦茶、番茶などがお勧めです。お散歩の前後や遊びの途中にもこまめに五〇ミリリットル程度を三十分に一度の間隔で、ただし嫌がるときは無理に飲まさなくても大丈夫です。あくまでも目安です。時間をおいてあげてください。ベビーカーは道路の照り返しを受け、かなりの高温になっています。ベビーカーでの外出は、くれぐれもお気をつけくださいね。

『ありがとう』は魔法のことば

二〇二〇年一月

子どもは、どんなに小さくても、しゃべれなくても、大人の様子をよく見ています。そして、よくわかっています。ただ、それをどう反応すれば良いのか、どう言えばいいのかわからないだけです。「どうせ言ってもわからないから」と言うのは、大人の都合の良い解釈です。

〇歳から三歳の時期は、人として育つ上で、とてもとても重要で大切な時期です。丁寧に関わって、優しいことば、良いことばをいっぱいシャワーのように浴びせてあげてください。「ありがとう」は魔法のことば、言われた方はもちろん、言った方も幸せになれます。優しいことば、豊かなことば……絵本はとってもいい素材ですよ。子どもの情緒の安定と親子の愛着関係に寝る前の時間、親子ふれあいの絵本タイムもお勧めです!! ただし、寝る前の絵本選びは刺激の少ないものを選んであげてくださいね。

「今こそ『思いやりの心』」

二〇二一年二月

日本ではじめてのコロナ感染症患者が出て一年が経ちましたが、感染拡大は一向に収まりそうにありません。それどころか、感染拡大の威力はますます激しくなっているようです。二〇二〇年の一月頃には、一年後が驚異的な感染拡大の状況にあろうとは予想だにしませんでしたね。ただ、嘆いてばかりいても仕方ありません。今私たちにできることは、この現状を正しく受け止め、正しく恐れることではないかと思います。この現状は、一人で何とかできるものではありません。みんなが一丸となって乗り越えていくしかないと感じています。医者でもない私になにができるのかわかりませんが、せめて感染予防に全力で努めようと思います。

そして、今こそ「思いやりの心」‼　自分さえよければではなく、相手を思いやる心があれば、おのずと行動が変わってくると思います。愛する家族や仲間をコロナから守るためには、まずは自分の命を守ること、コロナに罹らないことです。自分が罹らないということは、人にうつさないということで、罹らなければ、医療関係者も守れるということです。
一人一人が感染予防に努め、自分は絶対に罹らないという固い意志と、思いやりをもってやっていけば、必ずやコロナに打ち勝てると信じています。コロナ禍の先にあるのは、優しさに包まれた新しい、明るい未来……きっとその日はそう遠くない……一緒に頑張りましょう!!!

基本的な感染防止策の徹底!!
◎石けんと流水による手洗い
◎マスク着用
◎咳エチケット
◎3密（密集、密接、密閉）を避ける
◎十分な睡眠・バランスのとれた食事・適度な運動を心がけ免疫力を高める
◎寒い環境でも換気と加湿（湿度四〇パーセント以上を目安）を心がける

第3章

エピソード

喜怒哀楽

「母親劣等生」

一九九九年六月

子育てについては色々と考えさせられます。先日もある本におもしろいことが書かれていました。

親が子どもに対して、「まだあそこがだめだ、ここがだめだ、あるいは、ここがこうなればいいな、あそこがああなればいいな」と思っているうちは、子どもの方もおなじように、親に対して不足だらけに思っている（こういうことは人間の心理の人間関係の鉄則）。

まさしく、母親劣等性としてはドキッ。私が子どもならこんな母親困るよな……何もいわずに私に付き合ってくれる子ども達に感謝。そして、子ども達に「そのまんまでいいんだよ！　ありのままでいいんだよ！」とつぶやく、私なのでした。

「弱音や愚痴」

二〇〇一年三月

忙しくて思考力も低下し、失敗の連続……。

落ち込んで、つらくて、苦しくて、そんなとき、弱音や愚痴を吐きたいです。でもそう簡単に誰にでも話せるものではない、自分を否定するような人には弱音や愚痴は吐けないですよね。こんなこと言ったら笑われるとか、怠けているとか、弱いとか、否定してかかる人には何も言えないものです。この人は絶対に自分の苦しい気持ちをわかってくれる、そう!! 信頼できる人にしか愚痴や弱音は言えないものです。

私には信用できる人がいました。いっぱい聞いてもらって、又元気に頑張ろうって思えました。そう、ただ聞いてくれるだけで明日が見えてくるような気になるのです。不思議です。子どもだって同じ、子どもだって弱音や愚痴を吐きたいときもある、子どもから弱音や愚痴、悪態をつかれる親って、すばらしい!! 子どもから信頼されているという「証」ですもの。

『おかげさま育児』

二〇〇三年八月

私の子どもの頃、毎年夏の行事のひとつとして、近所の観音堂でひらかれる地蔵盆に祖母や母、弟と一緒に行ったことは今も鮮明に覚えています。

観音堂に飾られた、まんだらや天国と地獄絵図、祖母は毎年その絵を見ながら必ず私と弟に話して聞かせてくれたものです。「あれは閻魔様や。嘘をつくとな、舌を抜かれるで」「あれは針の山、これは血の池地獄で……」と地獄の話が続く……そして「悪いことしたら、地獄に落ちるんや。良い子にしとったら天国へ行けるんや。いい子になるんやで」。祖母の話を聞きながら悪いことしたらあかん！　嘘ついたらあかん！　良い子になろうと子ども心に戒めの気持ちを持ったものです。神の世界、あの世を素直に信じられた子どもの頃の善悪の意識は自然に肌にすり込まれてきたのかもしれません。

又、祖母や父母は何かにつけ「おかげをもらった、ありがたいことや」と言っていました。会話の中にも「お元気ですか？」と聞かれると「おかげさまで……」と答える。祖母から父母へ、父母から私へと引き継がれた「おかげさま育児」、謙虚さ、思いやり、感謝、やさしさ、それらは毎日の生活の中から自然に身につくものなのだろうと思います。決して「人はひとりでは、生きていけない」科学の時代の今、目に見えるものしか信じられなくなった私達に今一番必要なことかもしれません。

「イライラもします」

二〇〇四年五月

たくさんのお休みで、お家の方と一緒に過ごせた子どもたちは大喜び！　その一方で子どもは可愛いんだけれど……と、少し複雑そうな顔のお父さん、お母さんもいらっしゃるのでは……。

私にも覚えがあります。子どもと付き合うのは、結構疲れますよね。特に子どもの心、ペースに寄り添って付き合っておられるお父さんお母さんなら、色々考えますよね。甘やかしすぎてもいけないし、厳しすぎて押し付けになるのも……子育てってむずかしい……。しかし、悩むことはそれだけで子どもの事を考えているということ。関心を持って考えているから、大切だからこそ悩むのです。どうでもよければ、悩みもしないでしょうけれど、悩むからこそ、親として成長できるんですよね。

いい子に育てたいと思うけれど、なかなか、そんなにうまくは運ばない、だって子どもも人格を持ったひとりの人間、しんどくなります。イライラもします。手が出たりすると、自己嫌悪になります。でも、一人で背負い込まないで、親だって愚痴を吐いていいんです。親もまた人間、完璧な親だったら子どもが辛いかも……。少しドジなくらいがちょうどいい。ちょっと肩の力を抜いて休息をとってみてください。体が軽くなってくると気持ちも軽くなってきますよ！

「見直すチャンス」

二〇〇四年六月

子育てだってどこか楽天的にならないとやってられないこともあります。

あの時こうしていれば、ああしておけば……と後悔してみても自分が苦しくなるばかり、自分が苦しいと子どもに八つ当たりしてしまうことも……。そしたら自己嫌悪で又、苦しくなって……どうしようもなくなって……。

でもね、子育てはやり直しはきかなくても、見直すチャンスはいくらでもあるんですよ。

先日のこと、末の娘（中学三年）が幼稚園の頃のことを話してくれました。忙しくする私を思いやってお手伝いしようと台所へ入ったところ「忙しいんだから邪魔しないで、あっちへ行きなさい」と叱られたと言いました。彼女は大好きなお母さんだからお手伝いがしたかっただけなのに悲しかったと。言った私は覚えていませんが、「そうだったの、ごめんね」とおくればせながら反省し、謝りました。そのことを話してくれた彼女に感謝ですが、これからあらためて、心を聴くことのすばらしさに気づかせてもらえたことは良かったなと思いました。今までどうだったかより、これからどうするのかの方が大切だと思うのです。

「受験生の母」

二〇〇四年一二月

末娘に『お正月はどこか行く?』『温泉行く?』『カニ食べに行く?』とお気楽気分の私に『お母さん私受験生。何考えとん!』と一言!!

誰に似たのか妙にまじめ、わが娘、十五の春。現実を見つめて生きていると言うことなのでしょうか。

何も考えないでのんきなのも、考えモノなのですが、硬すぎるのも……もう少し気楽にやって欲しいかな。

なんてちょっぴり複雑です。親って勝手ですね。どちらにしても心配になる、変な人種です。

受験にたいして必死で悩む娘。決定するのも結果出すのも娘本人。親にできることは娘の気持ちに寄り添い、サポートするだけ、代わってあげることは決してできません。人生も半世紀近く生きてくると、受験の悩みも人生の一部に過ぎないと思えるのですが、青春真っ只中の娘にとっては人生最大の悩みにも思え、これで人生が決定するかにも感じるのでしょう。受験の結果が人生を決めるのではなくいろんな人と出会い、どのように関係を作っていくか、どのように生きていくかなのだと思うのですが……今悩むことも成長するために必要……もうしばらく娘の悩みに付き合っていきます。

今を生きる子どもたちに人生先行く先輩として、語り告ぐことはたくさんありますが、決して人は一人では生きていけない。一人ではないんだ、ということを伝えていきたいと思っています。

「感動できる親でありたい」

二〇〇五年四月

子どもの成長と共に感動することも減ってきます。しかし、いつまでも小さなことにも感動できる親でありたいですね。親バカ！　大いに結構じゃないですか、親の感動は子の感動でもあり、子のやる気になるんですよ。

幼い頃はいっぱいの感動といっぱいの感激を無条件にあじわっていましたよね。笑ったと言っては感動し、歩いたと言っては大さわぎし、しゃべったと言っては感激して……。子育て真最中の頃は思いどおりにいかない子育てに戸惑ったり、不安になったり、自分の時間も思うようにとれなくてイライラしたり、色々なことで悩んで、もうどうしていいのかわからず、子育てに自信がなくなったり……。

自分も子どももイヤになったり、苦しくて辛かったりしたけれど、今思えば「幸せ」もいっぱい味わえた頃でもあったのですよね。今、子育てに必死で先の事は考えられないあなたにも、きっとくる、大きく成長した子どもとの時間。今がいいから言えるのかな……!?

「誰でも一番を持っている」

二〇〇六年九月

どこからか聞こえてくるマーチの曲に心躍ります。走るのは、あまり得意ではなかったけれど、家の人と一緒に食べる昼食タイムがとても楽しみでした。母の手作りのお弁当の味……忘れられない思い出です。

今では、運動会の昼食も親子別で一緒に取らなくなったところも増えてきたと聞きます。平等を考えてのことか、見に来ることができない親子への配慮か……。昔はよかった〜なんていうと叱られるのでしょうか。しかし、走るのが苦手でヒロインになれない私、家の人と一緒に食べるお弁当だけを楽しみにしていた身とすれば、実に辛い話です。それがあるからこそ、苦手なかけっこも楽しめたのです。

昔は、運動会といえば運動のできる子どもたちの一年に一回の晴れ舞台。勉強に馴染めない子もこの日ばかりスポットライトがあたり、日頃の悔しさもこの日で帳消し、得意なところを自他共に認められるチャンスがあったから、拗ねずに生きてこられたのだと思います。

そういうチャンスがあったから人に優しくもなれるのだと思います。人を受け入れ、認めることができるのだと思います。

子どもも大人も誰でも一番を持っています。スポットライトがあたるものを持っています。今は、何かと平等で一番を実感する機会も少なくなりましたが、周りの人の一番に気づいたら具体的に伝えてみませんか。気が付くと自分が幸せになっていますよ……。なぜかって……それはご自身で体験してみてください。

「似たもの親子」

二〇〇八年六月

ちょっとおしゃれな傘を買いました。なんとなく雨の日が待ち遠しい私。子どもみたいですね!!　いつもなら洗濯物が乾かず恨めしい雨ですが、今回ばかりは楽しみです。「うっとうしい」と感じるのも「楽しい」と感じるのも自分しだいと言うことでしょうか。しかし、「自分しだい」というのは、時として「独りよがり」や「自己満足」になっていることがあります。

先日、末娘が『保育士の家族』というテーマの質問に答えるという機会をいただきました。娘は、母である私が言うのも変ですが、明るく活発に自分の人生を生きている子です。そして、私の良き理解者の一人です。娘には、随分と助けられました。その娘が話す、子どもの頃の淋しかった出来事の内容に正直驚きました。娘は「幼稚園の参観日に仕事で母が来られなかったこと」と話しました。そのときのことは、私もしっかりと覚えています。私なりに努力をして、娘とはゆっくりと話し、気持ちを聴き、娘も理解をしてくれたと思っていました。

まさに「自己満足」「独りよがり」だったのです。子どもながら不条理を感じつつ受け入れるしかなかった娘の心に、どれほど寄り添えていたのだろうか……。行けなかったことは、「とても残念でした」「悔しかった」。しかし、それは私自身の気持ちであり、娘はただただ「淋しかった」だけ。私は娘にその時、その淋しい気持ちを吐かせてあげるチャンスを与えなかったのかなと思いました。

子どもの心をわかったかのように冷静で、変にいい母ぶった親、そして「淋しい」「嫌だ」「来てほしい」とわがままも言わない、いい子ぶっていた娘……吐く隙がなかったのですね。つくづく似たもの親子だなと思います。やっぱり完璧な母なんて要らないと、あらためて感じました。親子も「持ちつ持たれつお互いさま」。しかし、今回、娘がつぶやいてくれたことで私は、また娘と深まれたように思いました。感謝!!

「子どもと向き合うとは」

二〇〇九年一月

親子って……大変で、ややこしいものだけれど、いいものだと実感。

生後四ヵ月の時点で、すでに親のかかわり方によって、子どもの成長発達の上で差がでるのだとか……。やっぱり、いっぱい触れ合って、語りかけて関わることが大切のようです。

「完璧な親などいない」※というその講座は、決して親を責めるものではなく、むしろ親を一人の人間としてみていて、心がほっこりする講座でした。

自分自身の子育ては、けっして褒められたものではありませんでした。

ずいぶん前のことになります。娘が小学生の頃の話です。「行きたいところがある。連れてって」と言ってきた娘に「仕事だから無理よ」とそっけなく言い放った私。それでも行きたいと泣いて訴える娘に、私は「わがまま言わないでよ。お母さんは仕事なの。仕方ないでしょう」と娘の気持ちに寄り添うこともなく、それどころか自分の都合だけを押し付け、冷たく突き放しました。娘はきっと行けなかったことよりも、話を聞かず、気持ちも聞いてもらえなかったことが淋しかったのでしょう。娘にしても無理だろうと思いつつ言ったことだったかも知れません。一言「行きたいのね。ごめんね。お母さん仕事があってその日は無理なの」と行きたい気持ちと、行けない悔しさに少しでも心寄せていたら、もっと聞き分けよく気持ちを収めていたのかもしれません。それどころか、私の事情もくみ、どうしたらいいか、もっと前向きに考えることもできたでしょう。今思うと、私は子どもの気持ちをいっぱい踏みにじってきたものです。

講座に参加しながらもう少し早く知りたかったという思いはありますが、子育ては、「やり直し」はききませんが「見直す」ことはできるのです。やっぱり親子は親子、大人になった子どもたちに、情けない母だったけれど、許してくれてありがとうと手を合わせています。子どもと向き合うとは、子どもの機嫌をとったり、おだてることではありません。ごまかしや嘘ではなく正直に気持ちを伝えることだと思います。

そして、母として子どもにしてあげること、それはいい母、完璧な母になることではなく、まずは「私は、あなたのお母さんよ」と言ってあげることではないかと思います。

子どもの成長は目に見えて早いですね。うかうかしていたら大人になっちゃいますよ。今しかできないお子さんとの生活を、思う存分お楽しみください。

※カナダ生まれの親教育支援プログラム Nobody's Perfect ファシリテーター養成講座。

「もう、いい加減にして」

二〇〇九年十二月

いろんなことが積み重なって思い出になります。辛いことがあったから、小さなことにも喜びを感じることができる、悲しいことがあったから人の何気ない優しさを感じることができるのです。

たとえば些細なことですが、普段はわがままを言って困らされるわが子にイライラの毎日、「もう、いい加減にして」と叫びたくなることも。でも、わが子が熱を出したり、病気になったりすると、悪戯してもわがまま言ってもいい、元気でいてと思ったりしませんか。

幼い頃の長男は、とてもやんちゃでよくけんかをしたり悪戯したりする、それはわんぱくな子どもでした。何かをやらかしては、親子共々ご近所のお家に謝って回ったことも数知れず、イライラはつのるばかりです。泣き声が聞こえると、ご近所の目も気になり、またうちの子が何かしたのではと飛び出しては、問答無用に「こら!!」と叱ることもしばしば……。そんな調子ですから、たまたま、ころんで泣く子の近くに立っていたというときは「僕は何もしてない」と必死で弁明することもあるほどでした。

そんな、わんぱくな長男が病気になり入院することになったとき「わんぱくでも、悪戯っ子でもいい元気でさえいてくれたら」と心から思ったものです。不安で、心細くて……悪戯をする日々が懐かしく、「もうこの子はとんでもない子だ」と思ったことも恨めしく、「ごめんね」と何度も謝っていました。「困った子」「手のかかる子」と感じていた息子の存在が、実はかけがえのない存在であると、今さらながらに思い知るのです。

今となれば、良いも悪いもなく、そんな一つ一つの思い（経験）が接着剤となり、親と子の関係に愛が付く「愛着」となってきたと思えるのです。それを思うとマイナスの思い（経験）も大切だと思いますね。過ぎたからこそ言えるのかもしれませんけれど……。

「成長においての善玉ストレス」

二〇一〇年二月

保育園では、毎年節分には先生が扮する鬼が現れます。怖くて泣いてしまう子もいますが、大きくなるにつれ「鬼は外」と必死で豆を投げ応戦します。毎年行っていると、去年は泣いていたのに、たくましくなったなと成長を感じさせてくれる場面にたくさん出会います。節分の鬼が怖くてトラウマやストレスにならないかと心配される方もありますが、ストレスには、悪玉と善玉があり、子どもの成長において善玉ストレスは必要だと思います。節分の鬼は、善玉ストレスです。

「鬼に豆をまいて戦った」「怖かったけれど頑張れたよ」「勇気をもって鬼さんやっつけたよ」「小さなお友だちを守ったよ」「先生が偉かったねってほめてくれたよ」など、子どもたちの心にはいっぱいの成長の実がなります。「鬼」を支えに幼いながらに踏ん張れるのです。我慢することも覚えます。優しい気持ちも育ちます。そして、けじめも身についていきます。守られた環境だけにいると何が安全で何が安心なのかを感じることは難しいものです。そして何より、自分が何なのかを意識するチャンスもないかもしれません。

「聴いてくれる人、聴いてくれていると思える存在」

二〇一〇年十一月

十六年間家族として暮らした柴犬の桃太郎が亡くなって十一月八日で二年になります。うちの家族は夫以外、大の犬好きですが、さすがに犬の介護を一年以上体験すると「じゃ、次……」って気にはなりませんね。それに、亡くなったときの寂しさは、未だに覚えています。関わったから、後悔はしていませんが……人間も犬も一緒ですね。結果はどうでも、関わることで後悔は無くなりますね。思い出としてしっかり心に残っています。私のシステムノートには子どもの写真が入っています。その一枚に生まれて二ヶ月の桃太郎を抱っこした三歳の娘が写っている写真があります。その写真を見ながら『こんな小さな時から一緒やったんやな』と懐かしむ娘に「ほんまやね。どっちもかわいかったね」と言うと『今は……!?』と笑った娘。しばらく、桃太郎の話で花が咲きました。家を新築し、引っ越しと同時に、我が家にやってきた桃太郎、忙しい親と共に、子ども達の成長を見守り、思春期の苦悩と葛藤を受け留め、高校受験、大学受験の勉強を帰りの遅い親に代わり支えた桃太郎。家族みんなの心を癒し支えとなった桃太郎。桃太郎は犬だから何もしゃべりません。しゃべらないけれど、楽しいことや嬉しいことはもちろん愚痴や弱音も何も言わずに聴いてくれました。どこも行かずにただ聴いてくれました。最後まで何も言わずに聴いてくれたのです。聴いたことは、誰にもしゃべりません。だから安心してしゃべる事ができました。話をすると、一緒に喜んでくれたり、悲しんでくれたり、時には慰めてくれているように感じたり、一番わかってくれている理解者のように感じていました。何も言わない犬に自分の感情や気持ちを重ね、あたかも桃太郎が感情を持っているかのように癒されていく、無情に癒されるのですね。改めて私たち家族にとっての存在の大きさを痛感しています。

結局は、聴いてくれる人、聴いてくれていると思える存在がいるかいないかっていうことは人生においてとても重要なことですね。

「感動の機会をつくる」

二〇一一年五月

風薫る五月、空におよぐ鯉のぼりを見ながら一息。季節も良くなってきた、この辺りで気持ちをリセットして前向きにいこうと思うとき、こんなときだからこそ、楽しいことをやりたいですね。暗い気持ちでいると、どんどん暗くなり、良いことも逃げて行くというか、気がつかないというか……幸運の女神には後ろ髪がない、幸運がきたのに気がついて急いで掴もうとしても後ろ髪がないのでつかめないのだという話を聞いたことがあります。顔をあげて前を向くと目の前が明るくなり景色が変わってみえてきます。すると心が少しずつ軽くなっていくような気持ちになります。

先日、劇団四季の「アイーダ」をみてきました。リハーサル風景を見学し出演者を身近に感じつつ、プロの真剣さにふれ、感動。その後の舞台はまた格別でした。息づかいを感じ、肌のぬくもりが伝わってくる、つくづくライブはいいなと感動!! 涙が出そうなほど、心がビンビン震えます。バーチャルでは、けっして味わうことができない感動です。

感性豊かな子どもに育って欲しいと思います。人の心を感じられる子、思いやれる子に育って欲しいと思います。……それには、やっぱり関わりしかないです。泣いたり、笑ったり、驚いたり、喜んだり……色々な感情を経験するから、心が柔軟に動くようになるのです。美しい景色を見たり、有名な絵画を見たり、素敵な音楽演奏を聞いたりしても、なぜかわからないけれど心が震えますよね。そこには、心があり息づかいが聴こえるからでしょうか。子どもの心は、まだ、まだ、真っ白です。だからこそ響く感動!! お子さんにいっぱい感動の機会を作ってあげてください。

それから……親の感動は子どもに移ります。子どもの感動は、親の感動でもあります。それが親子の絆となるのです。

感性は、油断をすると曇ります。大人も感性を磨く努力を!! お互い頑張りましょう!

「種蒔き」

二〇一一年七月

春に蒔いた姫ひまわりの花が咲きました。久しぶりに種を蒔いて芽が出てきたら、間引きをしながらプランターに植え替え、楽しみながら育てました。蕾ができたときは、一人でほくそ笑みながら水や肥料をやっています。きっと知らない人が見たら変な人と思われるだろうなと思いつつも、ニヤニヤがとまりません。花が咲いたときは本当に嬉しかったですね、自己満足かもしれませんが、きれいな花が咲いた達成感!! 苗を買ってきてから植えて育てたのとはまた違った喜びでした。

花の種類によって、水をやるタイミング、肥料の時期、育てる場所にもそれぞれ適した場所があるようです。その花、その花に合わせた世話をするとより活き活きと花を咲かせてくれるのですね。また話しかけてあげると、きれいな花を咲かせてくれるともいいますね。手を掛け、世話をするうちに、話しかけると返事してくれているような気持ちになったり、励ましてくれているような気持ちになったりします。また、自分の都合の良いような返事に聞こえるところがいいですね。だから、癒されるのでしょう。どこか子育てと似ています。

子育ても手をかけすぎても、かけなさすぎてもいけません。それぞれの成長発達にあわせた関わりが必要です。大人扱いしてもダメ、だからといって子ども扱いしすぎるのもダメです。花のように植え方、育て方の説明書があれば楽なのでしょうけれど……。

ところで、きれいに咲いた家の姫ひまわり、ひとつだけ違う方向をむいて咲いています……花の中にも変わり者がいるのでしょうか（笑）。

「あきらめ癖」

二〇一二年十二月

クリスマスソングが流れる頃、寒い冬の夜にイルミネーションの明かりがあちらこちらで点灯し、気分は盛り上がりますね。今年のクリスマスには少しおしゃれをして、ディナーでも……なんて思ったりして……。しかし、結局は仕事でクタクタで帰ったらそんな気分にはならず、いつも同じ日常だろうな……。なんて、やる前から諦めていることってありませんか？

子育て中は何かと思い通りにはいかないですよね。そんなことを繰り返しているうちに、いつしかあきらめ癖がつき、夢も忘れ、日々の生活に追われているって人も多いのではないでしょうか。私自身は髪の毛を振り乱して子育てしているのって、素敵だと思うのですが……。しかし子育て中だって自分のための夢や希望を持ってもいいのです。「どうせだめだろう」なんて言っているのは、人のせいにしているのと一緒です。本当にやりたい（したい）のならそうするためにはどうすればできるのかを考えること、工夫することが大切です。

それが考えられないのは、まだそんなに自分自身が求めていない（必要としていない）ということです。

ミルクの活動を始めて二十一年、保育園の園長を受けて九年になります。日々仕事に追われ休暇もそこそこに走り続けてきました。そんな中で長期の休暇なんて滅相もない、無理だと思っていた私でしたが、二〇一二年、初めて八日間の長期休暇をとって海外に行きました。こんなことは夢のまた夢と考えもしなかった私でしたが……自分にとって必要と思えば工夫と努力と周囲の理解と援助がうまれ、出来るものです。とても良い経験でした。

「人生観が変わった」なんて言うとオーバーかも知れませんが、異国の文化に触れた感動はさることながら、家族、職場の方々への信頼感が深まり感謝の気持ちが募りました。心にも体にも最高の経験でした。来年も……夢は広がります。

「人によく見られたい」

二〇一三年四月

大きく深呼吸して……さぁ、新しい年、新しいスタート。今年はどんな出会いがあるか楽しみです。初めは、お互い探りあったり防衛し過ぎたりで結構トラブルになったりすることもあります。私は大変な人見知りです（……なぜか信じてもらえないのですが……）。今は立場的にそんなことは言ってはおられないのですが……慣れるまでには時間がかかります。知らない人としゃべるのはドキドキします。そのために、変に構えるところがあり、初対面の人からは、取っ付きにくくとられたり、冷たい人ととられたりします。中には、凛としているなんて言われることもありますが、良いのか悪いのか……そんな自分を知るが故に、あえて自分から話しかけてみたり、にぎやかにしてみたり、話しかけられないように、わざと澄ましてみたりします。

とにかく人見知りが上の苦労は色々あります。やっぱり人によく見られたい、良い人に思われたいと思う気持ちがあったのでしょう。その気持ちはけっして悪いものではなく、その気持ちがあるからこそ人間関係もお互いに努力しながら折り合いを付け、受け入れるお互い様の人間関係があったのだと思います。時折、そんな人間関係をうらやましく懐かしむことがあります。時代かな……なんて思うとさびしくなりますが、でも、やっぱり人は一人では生きていけません。一人は淋しいものです。だからこそ人間関係はどこかでつながっていくと信じています。

「イメージ」

二〇一三年十一月

先日、衣替えをして生まれて初めてリサイクルショップに服を持って行ってきました。大切に着てきた服、愛着もあり捨ててしまうのには忍びなく、かと言って置いておく場所もなく、リサイクルショップに……。少し恥ずかしい気持ちもあり、査定が終わるまでは、知り合いに会いやしないかとドキドキ……。しかし、結局、自分の「イメージ」とは違っていて、たくさんの方が持ち込まれているし、明るい感じで対応も特別な感じでもなく「なんだ～」って感じでした。何か楽しくなって、家に戻って「もう着ないな」と、あれもこれもと服の整理!! やみつきになりそうです。年末の掃除は「断捨離」でいきます。

「イメージ」と言えば、大人は結構自分の勝手な決め付けで見ていることって多いですよね。子どもは純粋で見たまま、思ったまま変な先入観を持っていないので、面白いですね。子どもの物の見方、考え方を「それは間違っている」ってすぐ訂正するのではなく「へえ～すごいね」「そうなんだね」と肯定的に聴いて受け入れることで、子どもの発想力は広がっていくのです。自分の考えを聴いてもらえると、もっと知りたい、もっとやってみたい、もっと話してみたいとやる気が出てきます。感性も豊かになっていくでしょうね。無理やり「それは、違うでしょう。○○でしょう」と慌てて訂正せずとも、やがては子ども自身で気づいていくこともたくさんあります。子どもの「イメージ」を面白いと笑える大人になりたいですね。

ある日のできごと。
高速道路を車で走っていたら、急に反対車線でパトカーのサイレン。
私「わっ！　びっくりしたね」
ママ「ほんとびっくり!!」
孫「びっくりちたね……あっ～～～（高音の高い声）って」
私「……確かに、あっ～って聞こえるね（笑）」（私のイメージはウ～ウ～なのに）

「鬼アプリ」

二〇一五年二月

立春の前日は「節分」、日本の伝統行事の一つですね。無病息災を願い、災いを追い払う豆まきの神事です。災いを鬼に例えて、「鬼は外、福は内」と言いながら豆をまきます。鬼に向かって豆をまくことで、心の中の悪い鬼や病気の鬼を追い払います。鬼は豆をまかれ、退散します。子どもにとっては、鬼はとてつもなく怖い存在です。しかし、その鬼に向かって豆をまき、退散させたとなると、勇気になりますよね。子どもにとって、節分は心の成長にとても良い機会ですね。

しかし、ここ最近節分行事をしていて異常に恐がる子どもが増え、どうしたのかと思っていたのですが、最近の新聞に「鬼アプリ」にふれている記事がありました。スマートフォンの呼び出し音が鳴り、電話に出ると、ドスを利かせた「あかおに」の声で「言うこと聞かないと、食べちゃうぞ!!」。リアルな動画と音声が、子どもに恐怖心を植え付けるそうです。もしかして、恐がり方の異常は「それが」要因…!?

小さな子どもにとって「それは」とてつもなく怖いものだろうなと思います。未知のもの、得体の知れないものには、大人でも怖いですよね。節分の鬼は、けっして子どもに恐怖を与え、怖がらすためのものではないのです。鬼に扮した人間とのやりとりがあってくじけそうになる心と立ち向かいながら、豆をまくと鬼が逃げて行くのです。後には安心感と達成感と自信が残るのです。スマートフォンの「あかおに」は恐怖のなにものでもありません。それはけっして「しつけ」ではないと思います。単に恐怖心を与える「脅し」でしかないと思うのですが。それなら、お母さんが鬼の形相で「駄目でしょ!!」と叱っている方がずっと人間らしくていいですね。だって子どもは優しい顔のお母さんも知っています。だからこそ、大好きなお母さんが叱ることも受け入れられるのです。

日本小児科学会が「スマホに子守をさせないで!」と大書きしたポスターを作成したそうです。スマホを使わないでとは言いませんが、スマホに頼らず、子育てしてほしいなと思います。子育ての主導権をスマホに渡さないで、あくまでスマホは子育てアイテムの一つとして上手に使いましょう。

「鬼は外、福は内〜」鬼に扮したパパに豆をまきましょう。これも親子の絆になりますよ!!

すべて関わり、関わり……!!

「子育てには想定外が付き物です」

二〇一五年六月

いつ聞いたのか、誰が言っていたのか忘れましたが、子育ては「先の心配をするのではなく、現在の子どもを見て、現在の子どもの心に寄り添いましょう」と言われていました。そうですね。このご時世、なにがおこるかわかりません。子育てには、想定外は付き物です。だからこそ、先の心配をするよりも、今の子どもの心に寄り添い、「今、この子はそう思っているのだな」「今、この子はそうしたいのだな」と見るほうが、子どもにとっても幸せなことなのかもしれません。自分の心に寄り添おうとしてくれることで子どもも素直になれます。大人は、色々な経験をしてきたからこそ、みすみす苦労するであろうこと、分かっていることをわが子にはさせたくないものです。だからこそ、危ないことはさせたくないと、子どもの考えや行動の軌道修正をしたくなるものです。しかし、子どもはそんな大人に反発をするでしょう。

大人が必死になればなるほど「どうせ大人はわかってくれない」と子どもは心を閉ざして

しまうでしょう。大人から見れば危なっかしいことも、やってみて気づけることも多々ありますね。命に関わるようなことは別ですが、子どもの現在を見守れる大人になるよう少し頑張ってみませんか。

「取り越し苦労」は、誰も幸せにはなれません。子どもの「幸せ」を願うがあまりの「取り越し苦労」は、親切です。しかし、それは親のエゴなのかもしれません。「あなたのため」、実は「私のため」なのかも……。

現在の子どもを見ましょう。現在の子どもがあるから、子どもの未来があるのです。暑くなってきたのに、熱く語ってしまいました。申し訳ありません。

「三つの願い」

二〇一六年六月

先月、劇団四季の「アラジン」をみてきました。「みなさん、ようこそわが街アグラバーへ」のジーニーの声に始まり、気分はわくわくドキドキ否応なしに盛り上がります。華やかな舞台に現実を忘れ夢気分です。ジーニーもイメージ通りのキャラでとても面白く、楽しく、劇中の存在感は抜群です。もちろんアラジンもジャスミンもとてもよかったです。三つの願いごとに、人を思う優しさがあり思わず感動の涙！　チケットをとってから約一年……待った甲斐がありました！　笑いあり、涙あり、歌とダンスに感動！　忙しかった怒涛の一月、二月、三月、四月……疲れも吹っ飛びました。

ところで、「三つの願いが叶う」としたら何を願いますか？

自分のこと、子どものこと、家族のこと……大人になって、そんなこと考えたことがなかったけれど、いざ三つってなると……色々な国にも行ってみたいし、色々な言語も自由にしゃべれるようになりたいし、やっぱり健康でいたいし、家族もみんな幸せであってほしいし、みんな仲良く暮らしたいし、平和な社会であってほしいし……それから、それから……雑念が多すぎて三つに絞ることはできません。しかし、考えるだけでも楽しいですね。

コミュニケーションのテーマに「三つの願い」なんて親子で話してみてはいかがでしょうか。

ちなみに、お母さんの「たまには一人でゆっくりしたい」の願いはミルクの一時預かりにお任せください!!

「大人の責任放棄」

二〇一七年十二月

今年はどんな一年でしたか。半世紀生きて来てふたつとして同じ年はないと思います。当たり前のことですが……。「こんな年にしたい」「あんな年であればいい」と思うことは色々ありますが、予想外の出来事もたくさんあって予測不能ですね。それでも、来年は、きっと良い年、良いこと、面白いことがいっぱいありますようにと期待せずにはいられません。今年申請した認定NPO法人、来年には良い報告が出来ると信じ頑張っています。

さて、最近、気になる出来事が……。大型商業施設の乳幼児対象の休憩スペースでの出来事ですが、そんなに広くないスペースには、よちよち歩きの子を含む十人近くの子が遊んでいました。そこは就学前の子どもを対象にしたスペース、あきらかに小学生らしき子どもが二、三人、親らしき人は少し離れたところで友だちと話に夢中、我が物顔に走り、追いかけっこをして遊ぶ様子に、注意をすべきかどうか戸惑いながらも疎ましく眺めていました。しばらく遊んで親の「帰ろう」の言葉で靴を履いた子どもに「やれやれ」と思う間もなく、靴を履いたままでソファーに飛び乗りピョンピョン……思わず「それはダメでしょう！」と注意をしました。その言葉に驚いたような顔をして、親のところに駆けていった子に母親は一言「どうしたの？」……。こちらが悪いのか、注意しない親、注意しない大人、見ていない親、見ていない大人……。

小学生とはいえ、まだまだ、良い悪いの判断が出来ないときがあります。大人は、ちゃんと注意をしてあげるべきではないかと思うのです。悪いことをしたことを子どもが勝手にやったこととするのではなく、親は、大人は、正しい道に導いてあげる責任があると思うのです。「子どものしたこと、そんなに目くじらを立てなくても」と言うのは、子どもに自己責任を課し、親、大人の責任放棄にしか過ぎないと思います。しっかり叱れる大人が少なくなった現在……。

しかし、人形劇の会場で子どもを見ずに（もちろん人形劇も見ずに）、周りの冷たい視線もお構いなしに、大きな声で話し続ける母親のグループ……しつけられるわけがない（あくまでも一部の母親グループの話ですが！）……と母親世代の親世代として反省……。

「運命」

二〇一八年十二月

先日ネットニュースを見ていると「運命は変えられないが運命で人は変わる」という文字が目に入ってきました。どういうことなのかと考えてしまいました。出会いや出来事、良くも悪くもすべてが「運命」。しかし、出来ることなら苦しいこと、辛いことは起こらないでほしい、平穏無事な人生であってほしいと誰しもが思うことですね。でも、人生そんなに思い通りにはいかないもの、山あり谷あり、良いときもあれば悪いときもある、マイナスと思われる人生に本当に意味があるのかと苦しみの中にいるときは思います。

辛いことが重なるとこんな人生ならいらないと「運命」を恨みたくなったりもします。何のために生きるのか、何でこんな思いをしなければいけないのかと自暴自棄になってしまいます。

しかし「運命は変えられないが、運命で人は変わる……」だったら、苦しいこと、辛いことが起きたなら、苦しさから逃げるのではなく、苦しいときは運命に逆らわず、与えられた運命の意味を考え、自分としての成長を信じながら受け止めていった方が良いのではないかということなのでしょうか。「人は運命によって変われる」という意味でもあるのですね。

人生の半分以上を生きた今、振り返ることが多くなってきました。そういえば「運命的な出会い」たくさん重ねていて今があるなとしみじみ感じます。……出会いに感謝‼

先日のテレビで、語彙力のピークは六十八歳だと言っていました……。まだ、私ピークになっていないのか……。まだまだいけるんじゃないかと、単純極まらない思考（！）ですが、もう少し皆さんにいただいたご厚情に返せる時間が残っているようです。

ここで会ったのも「運命」。もう少しの間よろしくお願いします。

『気持ちの切り替え』

二〇一九年六月

「気持ちの切り替え」ってどうしていますか?

大変なことや、辛いことがあると心はそのことに囚われてしまい、何も考えられなくなったり、眠れなくなったりします。するとますます悩みは深まるばかり……。一人で考えてもなかなかいい考えも浮かんではきません。

そんなとき、信頼する人に話をきいてもらうのはいいですね。人に話を聞いてもらうことで、煮詰まっていた心のつかえがとれ、違う考えが浮かんできたりします。人に話すことは勇気がいりますが、自分だけではない、一人ではないと思えると逆に勇気が湧いてきて、「なんだ、大した問題ではなかった」と思えたり「〇〇すればいいんだ」と楽になる方法がうかんだりします。少し思考を変えるだけで、気持ちが切り替えられたりします。自分ほど不幸な者はいないと思うと、ますます気分が落ち込んでいくものですが、私だけではないと思うことで気持ちが楽になることもあります。

随分前の話になりますが、娘が自分の進路、将来に悩んでいたとき、思い切ってヨーロッパ旅行をしたことがあります。答えが見い出せなくて悩み、体の不調も訴えていた娘に対して、気の利いた言葉も答えも出してあげれない不甲斐ない親でしたが、現実を離れてみることを提案。(けっして逃げではありません！ 前進的なものです！)非現実の中に身を置くことで頭が冷やされたのか、娘の表情が目に見えて変わっていくのがわかりました。悩みも「気分転換」で小さくなることもあるものですね。

あなたの「気分転換」は何ですか？

第4章

メッセージ

今を生きるあなたへ

『まるごとの子どもを受け入れる』

一九九九年十月

子どもの成長に悲喜こもごも!!　人間らしくていいじゃない。それも人生……。子どもがいるから泣くことも笑うこともできる。まるごとの子どもを受け入れて「あなたがいるだけで、ただそれだけで幸せ……」そうつぶやいてみませんか……。

「抱きしめてあげて」

一九九九年十一月

子どもはみんな、親を困らせてやろうと思っている子なんていません。しかし、なぜか困らせる結果になって、実は本人がいちばん戸惑ってしまっているのです。そんなときは、やさしく受け止めてあげて「大丈夫、わかっているよ」と言葉をかけて、抱きしめてあげて！きっと安心して、子どもは落ち着くはず。そして、今度こそって元気な笑顔にもどるはず!!

親子だもの、お互いかばいあい、いたわり合い……子どもの気持ちに共感できるのって素敵です!!

『やる気につなげる』

二〇〇〇年三月

子どもに「『自信』を持ちなさい」なんて気軽に言ってしまうけれど、本当は持たせてあげるものなんですよね。小さな成功体験を積み重ね、自信をつけていくんです。小さな成功体験はやる気にもつながるんです。

小さな成功体験、こまなしの自転車にはじめて乗れるようになったとか、苦手な食べ物が食べられたとか、お片付けがひとりでできたとか……などなど……。なんでもいい、自分でがんばってできたという達成感の喜びが大切なんです。大人がやってあげるのではなく、自分でやった、がんばった気にさせてあげることが大切なんです。大人は本人（子ども）にわからないように手助けしてあげればいいんですよ……と反省している私です。

「愛されていると確信した子は勇気を持つ」

二〇〇五年三月

幸せを感じることはひとそれぞれ、いくら親であっても価値観を押しつけることはできない……どうか子どもが幸せと感じる人生を生きてほしい、自分を大切に生きてほしい、そしてひとりでは生きていけないと知ったなら感謝の気持ちを持ってほしい……。

親が子どもの幸せを願うのは、ごく自然の姿です。お子さんを大切に思う気持ちを幼いときから、お子さんに伝えてあげてください。お手伝いをしたときだけでなく、百点取ったときだけでなく、良いときも悪いときもどんなときでも「あなたを愛している」と伝えてあげてください。愛する子だからこそ、叱らなければならないときもあるでしょう。

そのときも「愛するからこそ」と伝えてあげてください。愛されていると確信した子どもは勇気をもって生きることが出来ます。多くの人に愛を与えることが出来るのです。

『気持ちしだいで楽になれる』

二〇〇八年二月

専業主婦の頃の私は、家事がとても苦手で、どちらかといえば苦痛、楽しむなんてとんでもない。「ねばならぬ」でやっていたからでしょうか。そんな状況ですから、掃除や食事に関して何か言われると、必要以上に反応していました。

特に夫や姑からの言葉に対して過剰反応の私、冗談すらも本気モードです。ほめ言葉に対しても素直に受け取ることができず、「それって嫌味」なんて思ったりもしていました。これでは、関係がよくなるはずがありません。私もしんどいけれど、私の周りの人たちもしんどかっただろうなと思います。

フルタイムで働くようになり、思い通りに時間が作れなくなった私にとって、あんなに苦痛だった家事が気分転換となっています。仕事のことを忘れ、素の自分に戻れる時間、ドジな私を安心してさらけ出せる時間、気分の切り替えが出来るのです。

仕事のとき忙しそうに動き回る私も私、家にいてのんびりしている私もやっぱり私、その両方が私自身なんだと、私自身が受け入れられたからこそ、家事を楽しめることが出来るようになったのではないかと思うのです。

相変わらず家事は苦手な私ですが、楽しんでしています。そしてそんな私ですが、家族は温かく見守り受け入れてくれています。やっぱり自分の気持ちしだい……かな⁉とつくづく思います。言い換えれば他人ではなく、自分しだいで幸せになれる、気持ちしだいで楽になれるのです。

……まずは、自分が楽になる方法をお探しください。

『思い出』

二〇〇八年十一月

衣替えのころになると思いだす子どもとの思い出。

末の娘が三歳のころ、私の「そろそろ衣替えしなければ」の言葉を聞いて娘は泣きそうな顔で『ごめんなさい。いい子になるから』というので「えっ……?!」と聞き返すと『誰と代えるの』とえらく神妙な顔です。「ころもがえ」を「こどもがえ」と勘違いしたようです。今にも泣き出しそうなわが子を見て、気の毒やら可愛いやらで、笑い出しそうになる気持ちを抑え、「代えるわけないでしょう。あなたが大好きよ」と抱きしめたものです。

しかし、あまりの可愛さに何度かわざといってみたりして……。今でも思い出すと、にんまりしてしまう私の大切な思い出のワンシーンです。そんな季節を重ねて成長した娘、色々とあったけれどあらためて大きくなったなと目を細めて幸せ気分を味わっています。

あなたの小さな頃の「思い出」は何ですか。「思い出」があるってことはいいものです。

保育園から帰る母の自転車の後ろからみた赤とんぼの群れに感動したこと。ミシンをする母の横でぬり絵をするのが好きだった幼い日、母の化粧に今日は特別な日と子ども心に感じていた頃、「思い出」はみんな固有のものです。そして、「思い出」は親にとっても、子どもにとっても生きるエネルギーとなります。苦しいとき、辛いときに「思い出」は、つっかえ棒となります。今、情けない自分であっても「思い出」に心癒され、光が射したような気持ちとなりホッとし、頑張ってみようと思えたりします。また、子どもが思春期で生意気になり、イライラして、どう関わっていいのかわからなくなったとき、子どもとの「思い出」にそんなかわいい頃もあったなと冷静にもなれ、親としての自分と向き合えます。

特別なところに出かけたり、特別なことをしたりしなくていいのです。関わりが「思い出」となるのです。いっぱい関わって、ふれあって「思い出」を作ってください。ワクワク、ドキドキの気持ちが重なると、もっと、もっと深い「思い出」となることでしょう。

「思い出」には心がホッとできる不思議な力もある。

『子どもは常に親に感動を与えてくれます』

二〇〇九年三月

多くの人間は、何があったかなんて、すぐに忘れてしまいます。そうじゃないと、人生重すぎます。しかし、なにもないときは忘れていても、自分が生きる上での、自分の人生に必要なエッセンスとして、そのときの感動は必要なときに蘇るものです。

子どもは、常に親に感動を与えてくれます。その感動をどうぞお楽しみください。

「子どもが小さいときだからこそできること」

二〇〇九年五月

出不精の私は、人混みが大の苦手。大型連休は家でのんびりと普段できなかった片付けをしたり、時間をかけて料理をしたりするのが一番好きですが、子どもの小さな頃はキャンプや遊園地にと、必ず連休は出かけていました。懐かしいですね。あらためて家族一緒に行動できるのも、子どもが小さな間だけだったなと思います。

最近では、家族そろって外食すらなくなってしまいました。本当に「いろんなところに行っていてよかった」なんて思います。人混みは好きではないのですが「ディズニーランド」は楽しいですよね。年甲斐もなくウキウキしたりして、しかし、それぞれ時間も好みも合わせるのが難しくなった今、家族と行くのも大変です。だからと言って、この歳になって友だち（おばちゃんたち）と「ディズニーランド」に行くのも少し気恥ずかしいようで……。行っておいて良かった「ディズニーランド」と思いますね。

今、思えば、「子どもが行きたがるから」なんて言っていたけれど、本当は自分が楽しんでいたのかも……。子どもをだしにして行っていたのだと思いますね。子育てって色々あって、自分の時間もなかなかとれなくてイライラすることも多いですよね。でも、一方では子どもの小さいときだからこそできることもたくさんあるはずです。子どもを「だし」に、色々なところへ出かけられてはいかがでしょうか。

二〇一〇年五月

「いろいろな体験」

家族で旅行にいけるのも子どもが小さいからこそかもしれませんね。子どもは、色々な体験を通してたくさんのことを学び、身につけていきます。体験は、好奇心を高め、興味を広げ、探究心が生まれます。それは、「不思議と出会い」「なぜ?」と疑問を持ち、そして、「知りたい」につながるということですね。バーチャルでは、なかなか味わうことができない感動があります。感動の機会をたくさん与えてあげてほしいと思います。

しかし、感動は年齢や成長によって違います。手あたり次第に体験すればいい訳ではありません。年齢の割に高度なものを体験すると恐怖になったり、興味を全く示さなかったりします。セミを知っているからこそ、セミの孵化する様子に感動もするものです。セミを知らない子どもが孵化するところを見たところで「なんだそれ」って感じです。子どもの成長には飛び級はないと言われます。お子さんの成長、発達にあった体験をさせてあげてください。

……と言っても、お出かけして帰宅すると、気持ちとは裏腹に、体はクタクタ、やっと座ったと思ったらぐずり出す子ども、お茶をこぼすような手間なことをされようものなら、イライラとなって叱ってしまう、わざとではないと知りつつも疲労からか怒りは収まらず……。せっかくの楽しい時間も水の泡ってことも……。疲れているのは大人だけではありません。子どもは元気で疲れ知らず……なんてことはありません。子ども連れのお出かけは、ゆとりを持って、無理のない計画をお立てください。

「愛された記憶」

二〇一〇年七月

小さな頃に関わってくれた両親や家族、愛された記憶は、写真とその語られる物語とともに子どもの幸せな記憶となって心に刻まれていきます。そして、その記憶は、思春期の反抗したい気持ちや苦しい気持ちを支えてくれるオアシスとなります。腹が立つ親であっても、あの頃自分を愛してくれた親があると思うと親に対する反発心も和らいだりします。

お子さんのため、親であるご自身のために、いっぱい思い出写真をとってお子さんにその思い出を語ってあげてくださいね。さあ、スマホ片手に思い出づくり!!

「生きる勇気」

二〇一一年八月

二〇一一年八月、なでしこJAPAN、かっこ良かったですね。感動しました。日本中が、心の沈んでいるときに、よくぞやってくれました。点を入れられて、追いついて、追いついたと思ったらまた入れられ、もうダメかとおもいきや……ドラマチックに決めてくれました。正に不屈の精神。これぞ大和魂ですね。諦めなければ、最後までチャンスはあるのだということを証明してくれました。澤選手の最後のゴールは、まるで、ぎりぎりの日本が今後あるべき姿、光が差したようでした。「よし！　がんばろう！」と多くの日本人が思えたのではないでしょうか。この思いが復興のエネルギーになる、そんな風に想わせてもらえたことが嬉しいです。ひとりで頑張ったって言うのもいいけれど、みんなで頑張ったって思えることは、また格別のものがあります。

一緒に頑張って得た喜びと達成感は一人では得ることのできない、「絆」と「信頼関係」を得ることができるものです。また「一人ではない」「仲間がいる」と思えることは、生きる勇気となるものです。

『子どもは親の鏡』

二〇一一年十月

「子どもは親の鏡」「親の背を見て子は育つ」なんて言われます。親としてはドキッとしますよね。子どものお手本になれるように、すばらしい親にならなければ、良い親にならなければなんて思うと緊張します。しかし、自分の理想とする親像にはなれない自分だと自信が持てなくなり、子育てにも自信がなくなります。それでは、子どもの成長にも良い影響はありませんね……。

倉橋惣三氏（日本の幼児教育の父と呼ばれた方）は、子どもに関わる大人は「小さな太陽」であることが大切だと述べておられます。「小さな太陽」とは「よろこびの人」ということだそうです。子どもをどのように育てるか、どのように関わるかよりも、大人自身がどんな人生を生きているかということが大切なのだそうです。お母さん、お父さんが生き生きとした人生を生きている姿をみて子どもたちも生き生きと遊び、生き生きと活動するのです。「生き生きと……」とは、決して特別なことではないと思います。日々の生活の中で前向きに生きている時間を持つことではないかと思うのです。趣味や没頭できることはありますか？ 子育て中だからと諦めていませんか？

子育て真っ只中の頃、ストレス解消を兼ねてエアロビクスにはまったことがあります。子連れＯＫのところだったので、一緒に通っていました。エアロビクスする私のそばで同じようにエアロビクスのまねっこをして楽しむ幼い我が子の姿がありました。今思えば、子どもはエアロビクスがしたかった訳ではなく、楽しむ親の姿や笑顔が安心感・安定感に繋がり、子ども自身もその場が楽しい場所に思えたでしょう。

子育て中だからと諦めないで、楽しいこと、好きなことを見つけ没頭してくださいね。楽しむ親の横でお子さんも生き生きと遊ばれることでしょう。

いま大人になった我が子三人、実に生き生きと自分の「好き」に没頭して人生を生きているようです。

『逃げずに子どものそばにいる』

二〇一二年四月

私の子育て中は、子どものペースに振り回され、自分の時間も思い通りに取れない、想定外の出来事は日常茶飯事、予定通りにいく方が珍しかったように思います。その、想定外の出来事が結構キツくて、パニックになったり、イライラしたりして、時には、子どもにあたってしまったり……。自己嫌悪!! 情けない自分をいっぱい思い出します。しかし、「今だったらきっと上手く子育て出来るだろう」と思うのは「これもあり、あれもあり」と受け入れられるからですね。色々なことを経験し、見てきたから、そしてもう子育ては終わったからこそ言えることかもしれません。

いま、交流ひろばや保育園で出会う若いお母さんたちの子育てを見ていて、みんな頑張っていると感心します。子育てはパニックになったり、イライラしたりしながら親子で成長していくのでしょうね。逃げずに子どものそばにいる……。心は繋がっているそれだけで十分です。イライラして子どもを叱ってばかりなのにという人も心は繋がっています。「かわいいね」「大好きだよ」も「もうこの子はどうして……」「いい加減にして……」も、子どものことを思っていること、繋がっていることだからです。

「整理術」

二〇一二年十一月

「マジ忙しい!!」「どうしよう」「忙しい、忙しい」と考えているだけでは、ますます動けなくなってしまい、煮詰まってきます。何が忙しいんだか、何が大変だかわからないけれど、とにかく大変で……。気は重くなり、イライラも起こります。そんな時こそ、整理術!! 今すぐしなければいけないこと、少し先でもいいこと、期限のあることなどを書き出し、どうすれば出来るのか、自分はどうしたいのか、またそのための対処法などを書き出して表にでもしてみると、わかりやすく、焦らずイライラせずにすみます。明確化していくことで今何をすればよいのか、何をしたいのかがわかります。何をすればよいのかわかると、そうするためにはどうしたらよいのか考えることができますね。それは、必ず自分がしなければいけないことか、人に頼んでもいいことか……。人に頼めることは、誰かにふって助けてもらうのも「あり」です。

私はしなければいけないことをポストイットにひとつずつ書き出して、カレンダーに貼って終わったら、外していくことにしています。ポストイットを外したときの達成感は、次のやる気に繋がります。仕事も追われていると思うと辛いけれど、追っていると思うとやる気が出ます。

しかし、子どもは計画通りには動かせてはくれません。早めにゆとりをもってやってくださいね。

『気持ちに心を寄せる』

保育の現場に身を置くひとりとして願うことは、「モノの価値」ではなく、その持ち主の「気持ち」に心寄せられる人に育ってほしいと思います。そのためには、まずは私たち大人が子どもの心に寄り添うことです。行動を責める前に、原因や理由を尋ねる前に、今のその子の心（思い）に心を寄せて（共感）あげてください。

二〇一三年六月

「育てたように子は育つ」

二〇一三年七月

「暑い、暑い。嫌になるね」と言っていると、一歳の孫も同じように「あちゅいね……いや」なんて、本当に子どもは、よく大人を見ています。仕草や口ぶりなんかもよく似てきますね。子ども同士の会話を聴いていると面白い。お家の中の風景が見えます。

長男が幼稚園の頃の話ですが、幼稚園の先生に「○○くんは、優しいですね」と褒められ戸惑ったことを思い出します。近所でもやんちゃで有名だった長男に他人から言われた初めてに等しい褒め言葉でした。

どうせ社交辞令だろうと思っていた私ですが、先生が言われるには、散歩に出かけた道端で、小さな花を見つけて「せんせい、おはなきれいだね」と見ていたそうです。それが、どうしてなのかと思う私に「きれい、可愛いなど抽象的な言葉を素直に口に出せるのって優しいからですよね」と言われたのです。

そういえば、何かにつけ「かわいい」「きれい」「やさしい」が口癖の私、自分に掛けられてうれしい言葉、心地よい言葉は言ってみたくなるのでしょう。いつの間にか、子どももそんな言葉が自然にでるようになっていたのです。子どもの言葉の悪さを感じたら自分を振り返って考えてみると気づくことがあるのではないでしょうか。「育てたように、子は育つ!!」ですね。

言葉は子どもの心を育て、夢を育て、未来を育てます。うれしい気持ち、幸せな気持ちになれる言葉をいっぱい子どもに与えたい、かけたいですね。

「おかえりなさい」

二〇一五年四月

子どもが初めて集団に属するときは、親子でドキドキではないでしょうか……。実は私も、孫が幼稚園に入園するとき、ばーばであり、保育士であるにも関わらず、ドキドキでした。保育現場をよく知っている私でさえドキドキなんですからね……。初めてのパパ、ママは仕方ないことです。

しかし、みんな慣れていくものです。特に、子どもの環境に対する順応力はすごいです。大人よりすごいと思うことも、何度もありました。慣れないと思うのは、大人や親が慣れないからそう見えるのでしょうね。子どもは、保育園や幼稚園で頑張っています。子どもの手をつなぐことはできなくても、見守ることはできます。がんばる子どもに「いってらっしゃい」「おかえり」と声をかけてあげてください。

「いってらっしゃい」は「頑張るあなたを応援しています」「元気に帰ってきてください」「待っています」のメッセージ、帰る家がある、待ってくれる人があるから頑張れるのです。

『おかえりなさい』は「よく頑張ってきたね」「元気に戻ってきてくれてうれしいよ」「大好きだよ」のメッセージ、帰ってきた喜び、大好きな人の笑顔は、頑張った自分、愛されている自分に肯定感が持て、明日も頑張ろうと思えるのです。子どもの成長を信じて見守っていってあげてください。

「夢を持てる子育て」

二〇一八年三月

「夢」を持てる子を育てたいと思いませんか？　小さな子どもたちにはいっぱいの夢があります。その夢も成長と共に一つ減り、二つ減り……。いつしか子どもも現実を検討し始め、夢と現実の狭間で悩み、大人へと成長していくのでしょう。親にできることは、ただ子どもの夢を馬鹿にせず共感し聴いてあげることではないかと思います。子どもは子どもなりに真剣に「夢」を見て、語っています。馬鹿にされる、否定されると思うと話せなくなるものです。いっぱい、いっぱい聴いてあげて欲しい、語らせてあげて欲しい、「夢」を見させてあげて欲しい……。聴けなかった駄目母の私からのお願いでした。

しかし、いくつになっても「夢」は持っていたいですね。私もまだまだ新たな「夢」を持って頑張りたいと思います。皆様の期待に添えるように!!

「失敗してもやり直し」

二〇一九年一月

皆さんの今年の目標は何ですか？　元号が令和になり、新しい歴史が始まり、平成元年に生まれた人も三十歳に……。昭和がますます遠くなっていきます。戦争を経て終戦から高度経済成長、バブル景気、リーマンショック……激動の時代も今は懐かしく、私にとってはついこの間のような平成の時代も終わりました。いつまでも若いつもりでいましたが、やっぱり時代の流れを感じ長く生きてきたことに改めて思い知らされます。これからの人生どのように生きて行こうかと考えてしまう年齢となりましたが、この年齢だからこそ、人生の集大成、これからどう生きていくのかが問われるところだとも感じています。若い頃は無我夢中で生きていました。楽しいことも嬉しいこともたくさんありました。また、同じくらい辛いことも、苦しいこともありました。でも全て、若さで乗り越え、前を向いて生きてこれたような気がします。

老婆心ながら言えることは、三十代四十代は、まだまだひよっこ、失敗してもいくらでもやり直しはきくものだということです。勇気をもって、子育て、仕事、人生を楽しんでください。恐れていては何もできません。仮に失敗しても、そこから学べるものはたくさんあります。きっと明日への活力になるはずです。自分の人生は、自分が主役です。時としてこんなはずではなかったという事もあるかもしれませんが、それも私の人生劇場の演出のひとつと考えることが出来ると、人生もドラマチックになるのでしょうね。では、私の今年の目標は、「ドラマチックに生きる！」にします。今年も主演女優さながらにどんな演出でも輝いて演じてみようと思います。何が起こるかワクワクドキドキです。

自分の人生疎かにせず精一杯生きた先には輝く未来が待っています。

泣いても笑っても夜が来れば朝が来て「明日」はやってきます。今日辛いことがあったとしても明日を重ねるうちに傷は癒え、忘れることができる、つくづく「日にち薬」だと思います。

子育ての時期は、あっという間!!　子育てもご自身の人生も大切にして、大いにお楽しみください。

子育てQ&A

ハニーFM

「ハニーサウンドカフェ
『子育て応援します』出演解答より」

Q

バランスよく体を動かすあそびを教えてください。

二〇一九年八月

この春四歳になった息子です。外あそびも好きで長い距離も平気で歩きます。階段など、動き始めをよく見ると常に右足が先に出ています。足の太さも目で見てわかるくらい右足にはしっかり筋肉が、一方左はほそめです。

バランスよく体を動かす遊びなどがあれば教えてください。

A

まず、右足からということに関しては、大人でも一緒で、利き足とか軸足といわれるように自分が得意とする足があるのだと思います。そして左右見た目に差があることについては、気にして見るとそのように見えてしまうこともあります。気になるようでしたら、一度整形外科を受診されるというのもお母さんの安心材料となると思います。どうしても心配になると、段々と悪い情報ばかりが目に入り、全てが気になってくるものです。

お子さんは日常、どんなことで知らない間に鍛えられていくのでしょうか。

足を鍛えるといっても全部が筋肉でつながっていますので、体幹を鍛える遊びのひとつとして、十分に歩けているお子さんでもわざと『**ハイハイ**』を促すような遊びを保育園では取り入れています。

背筋や身体全体の筋肉を促すような遊びになり不安定さがとても身体には効きます。そして一番手軽にできる子どもの運動機能、免疫力を高めることとして、歩くこと、散歩がお勧めです。基礎体力を養い風邪もひきにくくなります。

お母さんと一緒に歩きながら、季節の変化や自然、環境から色々な知識も得られ、親子関係も良好に、色んな意味でお手軽に楽しめる効果があります。現代はどうしても車社会になって、少し出かけるのも車で行ってすぐ帰って来てしまう、時間が許すのであれば、たまにはお子さんとのんびり散歩されてはどうでしょう。運動をさせるというのではなく、遊びとして付き合って一緒に楽しむことがいいですね。心身共に良い影響があると思います。

例えば、

歩いたり、跨いだりして、足裏の刺激にも効果的です。

丸めた布団を入れてお山に

段ボールのトンネル

布団の上を歩く

Q もうすぐ五歳、習い事の先生との関係について悩んでいます。

二〇一九年一〇月

三人の先生が順番に教えてくださり、生徒は娘一人。
気の合う先生の時は喜んで行くのですが、そうでない日は「忙しいから行かない!」と言って休みたがります。「じゃあそのことを自分で先生に言いに行こう」と連れて行くと、結局そのまま過ごして帰ってきます。このまま続けていてストレスにはならないでしょうか?

A お母さんがストレスにならなければ、お子さんは大丈夫かと思います。
毎回そのことが起こるごとにまた言うのではないか? またそう言われたらどうしよう……。お母さんがそんな考えでいっぱいいっぱいになると、お子さんは敏感です、自分の気持ちが上手く出せない状況でお母さんの気持ちもわかってしまう……。これがストレスなりかねないです。**たまには休ませてあげてもいいのでは?というぐらいの気持ちでいてください。** そう言いながらも行くということは、お母さんに対して言えるぐらいの原因で、行ってそのまま過ごして帰ってくるならば、そのこと自体はそんなに大きなストレスになっていないのかなと思います。まずお子さんがしゃべりやすい環境づくりを心掛けられたら良いと思います。

- 話を聞いてあげる。
- 「どうして!?」「なぜ!?」は逆効果。
- 子どもの様子をよく見てみる。
- 「あれ?」と思われたらお休みをするなり、辞めてしまうこともあってもいいのかもしれません。

先生とは、しっかりとコミュニケーションをとることが必要です。「こんなことを言っては失礼なのでは？　迷惑がかかるのでは？」は逆効果です。聞かれた先生はフィードバックされ、そう言えばあのとき、こんなことあったかな？　あんなことあったかな？　ちょっと変な顔したかな？とお母さんにお話が返ってきたりもします。そうすると、お子さんの一つの要因を知るきっかけにもなるので、その辺を話し合いされたら、もっと楽しく習い事に取り組めるようになると思いますね。

日頃からお子さんの様子を見ながら、一緒に話し合って、特に三歳までは親が決めた習い事になると思いますが、三歳からは割と自分の意思「これやりたい、あれやりたい」と言い出すようになりますので、そこをしっかりとお母さんも付き合ってあげられたら、いいと思います。

Q 自分で選んだものしか着ません。

二〇一九年一二月

現在四歳半の男の子です。着るもの履くもの、どれも自分で選んだものしか着ません。どのような心理状態の結果なのか、せめて季節に合ったものを選ぶようにするにはどのような言葉掛けが良いのでしょうか？

A **まずは共感してあげることが大事。**それから「今日はこの服ちょっと暑いね。汗をかくよ。汗をかくと風邪をひいちゃうよ」とか、逆に寒い冬に半袖を出してきたとすれば、「寒いよ～絶対くしゃみ出るよ。冷たくなるよ」「これよりはこれ着た方が暖かいかもしれないね」というように話してみてはどうでしょう。

「なぜそれが着たいの？」と質問したくなるかと思いますが、「これが着たいのね。どうしてかな？」というのは否定ではないので、もしかしたら、それはお父さんが着ていたのをイメージしたのかもしれない。その辺を聞くことで「じゃ、こっちよりこっちの方がいいね」とか、「それだったらこれだね」とか一緒に考えてあげるということが出来ると思います。頭ごなしに「それはおかしいでしょ！」となると、イメージしたものを否定されたことで、まず泣き叫ぶとか癇癪を出すとか、**あえてこだわりをきつくしてしまい、返って対応が難しくなるというケースもあるので、先ず許可してあげることが大事かなと思います。**

今回は子どもの服ですが、そのこだわりについては、子どもの意思の強さ、自己主張が出来るんだということで、それはしっかりと認めてあげたらいいと思います。頭ごなしにダメだよと言ってしまうと、癇癪を起こすことも。**こだわりっていうのも一つの成長**な訳ですよね。次につながる成長だとすれば、こだわることで深くそこをイメージしていける、また想像力のある子に、気持ちが持てる子になっていく訳ですから、それを否定しちゃうと、無気力な子、やる気のない子っていう風に育っていく場合もありますので、しっかり認めて、話し合いのうえで気持ちが切り替えられたらしっかり褒めて、そういう風に接してあげて欲しいなと思います。

そして、大人側としての努力としては子どものこだわりについ

ては、時折忙しいときにこだわられると親ってイラッとくるもので、その気持ちもすごくわかります。ただ、そのこだわりも一つの成長で大事だっていうことを受け止めて頂いて、**親としては「忍耐」、ひたすら忍耐とそして「工夫」が必要かなと思います。**

Q 五歳の息子が集団生活に馴染めるのか心配しています。

二〇二〇年三月

同じ年頃の子ども達がみんな引っ越しをしてしまい、ここ一年半ほど家の中でひとりで遊ぶことが多く、外へ行くのを嫌がるようになりました。この調子で春から幼稚園通いが心配です。

A

幼稚園に入られた場合、それぞれの幼稚園の中にはプログラムが四歳ぐらいから社会性を身に着けるとか、集団で遊ぶとか、ルールのある遊びをすると言われています。そういう意味においては、**全然心配されることはないかと思います。**

まず、「**一人遊び**」っていうのは、子どもにとってはすごく大事な事なんですね。早いと生後二～三ヶ月から始まります。

指しゃぶりとか、しゃぶりながら「アウ・アウ」と言葉を発していく。

その頃から既に一人遊びが始まり、そういう時期を越えながら自分というのを意識して育っていくわけです。

だから、一人遊びを十分にさせてあげることは子どもの成長にはすごく意味があります。

だから一歳、二歳の頃って保育園でも一人遊びが出来るかどうかは大きな視点として一つもっています。

大人はそばで見守ってあげること、これが重要です。

一人遊びをどのように楽しむかで集中力を養います。

自分が出来たものがイメージとして出来上がっていくことの達成感が生まれます。

まず、集中力と達成感。その二つが養われます。そして、達成感が育つと「もっとこういうことしよう！」という挑戦する力が湧いてきます。

そうすると、挑戦する中で「もっとこんなんが出来るんじゃないか？」と夢が広がっていきますよね。

夢が広がると脳が活性化されているという事です。すごく子どもにとっては一人遊びがこれだけ意味があります。

「見守る」というところで親御さんが気を付けること等ありますか?

傍にいて見守ってあげる。出来たときに「わぁすごいね! 上手にできたね!」とか一緒に喜んであげる。

これが凄く大事になってきます。そうすると、また子どもは嬉しくなってそれに反応していきます。

ただ、テレビやDVDというのは一方的に相手からの語り掛けとなりますので、逆に脳が働かないというか動かなくなります。

どうしてもテレビやDVDを観るとすれば、一緒に声をかけながらお話をしながら観ていただけたらいいいんじゃないかなと思います。

Q

六歳の男の子、面倒を見ていたカブトムシが死んでしまいました。

二〇二〇年一〇月

それをきっかけに幼稚園に行くことを渋り困っています。大切にしていたものへの愛情が強いタイプなので、その気持ちもわかりますが今後成長していく上でもいくつか出会う場面だと思います。どのように声かけをすれば受け止めて前に進むことができるでしょうか。

A

『幼稚園に行かなくなったこと』と『カブトムシが死んだこと』はちょっと分けて考えます。カブトムシが死んだ寂しい気持ちはとても大切な感情です。お子さんがこれから大きくなっていく中で、命を感じる、とても大切な体験をされたと思います。それにあたって「死んだものは仕方ない」ではなく、共感してあげてほしいなと思います。

死んでしまったっていうことに関しては死ぬことと同時に「カブトムシが死んだ後どうなったんだろうね」という物語のような言葉かけをしてみてください。「大切にしてもらってとっても嬉しかったと思うよ」「死んでも○○ちゃんのことはちゃんと覚えているんじゃないかな」「そしたら今度またあったかい夏が来た時にはきっとまたカブトムシが来てくれるかな」のような夢のあるお話ができたらいいと思います。

小さい時にそういう話を何度も経験すると小学生ぐらいになって自分の中でそれが解消できるようになっていくと思います。執着が強いということはそれだけ豊かな愛情持っているということでそこを大事に育てていってあげましょう。

『全てのものの命は限りある』ということを伝えることが大事だと思います。

その時の思い出を大切に、命を感じ、物を大切にする。

またこれをきっかけに幼稚園に行かなくて困っている現状ですが、確かに幼稚園に行きたくないっていうのは本当で、そのカブトムシはあくまでもキッカケのひとつかもしれません。子どもが幼稚園、保育園に行きたくない、学校に行きたくないって言うにはいろんな原因があると思います。

ただその時にどうしてなの?と聞くと**子どもは大人のために原因を探し、犯人探しをしてしまいます。**心配で「どうして、何で、何が原因なの」と聞くと、それはかえって子どもを追い込むことになるので、そのときには行きたくないなっていう気持ちを受け取って、叱りつけて連れて行くのではなく、励ましながら、気持ちに寄り添いながら一緒に「○○があるから」とか、「○○ちゃん来てるかな」「お友達と一緒に遊べるかな」とか、お母さんがサポートしながら未来の楽しみをちょっと与えてあげるのがいいと思います。

Q 人付き合いが苦手です。ママ友もいません。子どもへの影響はありますか?

二〇二〇年一一月

A 結論から先にいうと、ママ友と仲良くお付き合いをしなくても子どもさんへの影響はないと思います。しかしあくまでも、お子さんはお母さんの姿をみて人間関係を学ばれるので、「さようなら」「ありがとうございます」のように挨拶はしっかりと心掛けると良いと思います。

●ママ友の仲に無理に入らなくても笑顔でご挨拶できていれば大丈夫でしょうか？

お子さんの人間関係はお子さんが作るものです。

逆にお母さん同士の仲が良い場合はいいですが、何かこじれた場合、「○○ちゃんとは遊んじゃだめよ」「もう○○くんとはもう遊べないよ」などの大人の事情を押し付けることになるのは問題になっていきます。それならば「お母さんはお母さんの人間関係」、「お子さんはお子さんの人間関係」として考えた方がいいかと思います。

●最近はLINEなどもあり、ママ友の付き合いに悩んでいる方も多いかと思います。

人間関係は「間」「距離感」が大事で、最近は人間関係が希薄な時代になってきてこの距離感が一番難しくなってきているかと思います。そして他人との人間関係もですが、親と子どもの人間関係、それをどう紡いでいくか考えていくことが大事です。どうしても子どもが小さいと所有物のように感じてしまいますが、子どもは子どもの世界があってこれからどんどん社会の中で育っていきます。なので、そういう先を見据えた関係をつくっていくのがいいと思います。

Q 年中組の男の子。年に二回くらいですが『おねしょ』をしてしまいます。

二〇二〇年一二月

頻繁ではないので気にはしないようにしていますが、何歳くらいまで「おねしょ」をするのでしょうか。

A 五歳ぐらい、年に二回くらいであれば「体が疲れてしまって起きられなかった」くらいに捉えてまず心配はないかと思います。

膀胱の大きさが関係してくるので、おしっこを貯められる容量が増えるとおねしょもなくなっていくかと思います。

個人差はありますが自然になくなっていくものです。

そんなに心配することはないですが、少し寝る前には水分を減らすとかちょっと工夫をする。カフェイン入りのお茶を飲まないとか、コーラなどの炭酸系を日常的に飲まさない、など。また、おしっこを昼間に少し我慢させてみると膀胱を大きくする訓練はできるかと思います。

保護者の方には、注意点は「**起こさない**」、寝ている途中で起こさないことだとお話しています。

起こしたら意味がないです。寝ているところを起こしてトイレに連れて行っても、おねしょと一緒の感覚です。

そして「**怒らない**」「**焦らない**」あとひとつは「**褒める**」。よかったね、偉かったね、と褒めてあげてください。

どうしても汚れたり手間的にも大変ですし、気持ちが焦ってしまいます。焦りが怒りに変わってしまって八つ当たりしてしまいますよね。そうなると親子関係も悪くなります。

そして子どもはますます緊張して不眠などの違う病気になったりしてきますので、お母さんの方が「大人になってもおねしょはしない」という気持ちになられた方がいいのかな。

「怒らない」ためにも普通のパンツの上から紙パンツ（オムツ）をはかせる方法を聞いたことがあります。

そうすると本人は濡れた感覚を知ることができます。

紙パンツをはいていてお布団を濡らすことがないので、お母さんは怒らないで済む、というわけですね。

そして「赤ちゃんみたいだね」っていう言葉は子どものプライドを傷つけます。

お兄ちゃんお姉ちゃんっていう大きくなった喜びを感じるのが三歳頃からです。

その頃に「赤ちゃんみたい」と言われるとすごくプライドが傷つきます。

「起こさない」「怒らない」「焦らない」そして「褒める」。

おねしょをしなかったときはたくさん褒めてあげてください。

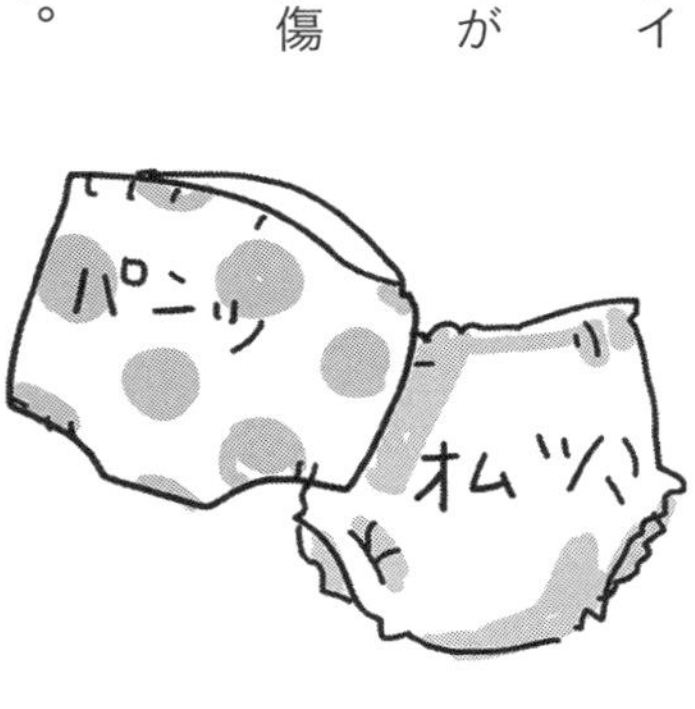

Q 五歳の娘がすぐに機嫌を損ねてしまいます。

二〇二一年一月

今年五歳になった女の子です。十二歳のお兄ちゃんと四歳の妹がいます。

この子はプライドが高いのかちょっとしたことですぐに機嫌を損ねて、そのあといつまでも長引きます。

例えばトランプのゲームをしている時、兄がからかうように子ども扱いすると「わたしできるもん！」と大泣きします。いつものことなのでしばらく様子を見て泣き方が落ち着いた頃、兄が謝ったり、親が他に気を紛らわそうとしますがダメです。叱らないようにはしています。しばらくは機嫌が戻るように抱っこして落ち着くのを待っていますが一時間ぐらいかかってしまうので正直疲れてしまいます。兄も妹もこのような状況にはならないのに年子の妹がいることなど、今までの育て方が何か影響しているのでしょうか？

A

「五歳の女の子」ということでプライドが高いとお母さんは思っていらっしゃるようですけれども、それはプライドではなく**成長過程の一環、成長している証拠**だと力を抜いていただけたらなと思います。

五歳頃は社会性が育ち始めることで、言語能力も育っていきます。

特に女の子の場合、自分の気持ちを言葉で文章化できる能力が五歳頃によく育ちます。

すべてを言葉で伝えようとしたり、言葉で関わろうとする大人っぽい反面、まだまだ甘えたいという気持ちがすごくあるのもこの時期です。「どうしてあなたはそうなの!?」と目くじらをたてるのではなく、これも成長だなって受け流してあげるとお子さんも非常に楽になってくるかと思います。

ポイントは「女の子の5歳」

これはそういう過程であり、いつまでも続くわけではありません。自分の気持ちを理論的にこうだからってわかり始めているので、自分の気持ちもわかると同時に相手の気持ちもわかるというのがこの年齢の特徴で、成長していく中で自分の気持ちを分析しながらやっていけると思います。お姉ちゃんでありたいという気持ちを受け止めてあげながら、お母さんが言葉で褒めてあげる。お母さんの気持ちを言葉で「それはどうかと思うな」「そのやり方って悲しいなぁ」とか「お母さんはこう感じてこうした方がいいと思うけどなー」というお話をしてあげる。お兄ちゃんとの関わりの中で「悔しかったね、でもトランプを無茶苦茶にするのはどうかな」と話をしてあげる。そして違うやり方を提示してあげる。という関わり方がいいかと思います。

すごくやる気のある年齢なので役割を与えてお姉ちゃんである自覚を持たせてあげる。褒めるのも「助かったわー」ではなく具体的に、「○○でよかったわ」「○○してくれて助かったわ」と褒めてあげると、お子さんは分かりやすいです。

そして大切なのがお兄ちゃん、妹と比べないこと。自分はお姉ちゃんだとすごく感じています。いい意味でプライドがある。そこでお兄ちゃんからこう言われたっていう悔しい気持ちを「お兄ちゃんはこんなことなかった」というと「お兄ちゃんはいい子でわたしはダメな子？」と感じるので、お兄ちゃんはお兄ちゃん。また「妹はちゃんとしてるよ」「妹はこうだよ」というのも逆効果です。

Q すぐに癇癪（かんしゃく）を起こします。

年中組の女の子で三人姉妹の末っ子、五歳と二歳違いの二人のお姉ちゃんがいます。

姉の真似をしてお絵かきをしていても自分のイメージ通りに描けないとかんしゃくを起こして絵をぐちゃぐちゃに塗りつぶして諦めてしまいます。どのように対応していけば本人が納得し、かんしゃくを起こさないように育ってくれるのでしょうか。

またかんしゃくを起こすお子さんと起こさないお子さんの違いはなんでしょうか？

二〇二一年三月

A かんしゃく自体は正常に成長している証拠です。それで表現方法をとっている状況です。表現方法なので個人差があって当然だと思います。あまりこだわりを持たないお子さんであれば、そこまで感情的に自分の感情を表現しないと思われるので、性格は大きな影響があります。また環境による影響もあると思います。

「性格って赤ちゃんの頃からあるんです」

のんびりしたお子さんやあまり競争心を持たないお子さんなど、「性格」があります。なので「負けたくない！」という気持ちを表す表現としてかんしゃくを起していると思います。**かんしゃく**を起すからキレる子になる!?ということではないということです。

「かんしゃく」というのは、お店などで大きな声を出してすごく泣いているお子さん、寝そべりながら動かないお子さんなど親が最も困る行動のひとつです。自分の気持ちがでてきた、だいたい一歳半頃から見られる表現です。

自分がこうしたいのに思い通りにいかないとどうしたらいいのかわからなくて困ったときに起こる行動です。

そして、「きょうだい」がいると上の子がやっていることを自分もできると思い込むことがあります。いわゆる**万能感覚**と言われます。

鏡のように、前で描いているように自分も同じ絵が描けると思い込んでしまいます。いざやってみると思うようにはいかない。できていないと違いがわかるのもよく見ている証です。こうしたい、という気持ちが強いお子さんは自分自身にイライラしてしまう。そういう悔しさなどが行動にでてしまい暴れたり泣いたりする行動につながります。

こういうとき、どう声をかければいいか……。親御さんはすごく困っちゃいますよね、つい、イラッとしてしまいますよね。そこをグッと我慢して「どうしたのかな」「何ができるかな」と優しい言葉をかけてあげてください。ぎゅっと抱きしめてあげたり優しい声掛けでお子さんがちょっと考えられるような時間をつくってあげてください。

お姉ちゃんのときに起こらなかったのは環境の違いがあり、三番目のお子さんは毎日刺激がいっぱいで過ごしています。「自分はこうだから」「お姉ちゃんはこうだから」という私とお姉ちゃんの違いがわかる感覚が育ってくれば、かんしゃくは起こらなくなってくると思います。**「かんしゃくもひとつの成長の証なんだ」**と受け止めてあげてください。また、体調が悪い場合もあります。眠たい、お腹が空いた、など色々な要因がありますので諦めずに対応してあげてください。

Q

初めて新一年生を持たれる保護者の方へのメッセージをぜひお願いいたします!!

教え子を持っていらっしゃる方々にとっては鼻の奥がツンと熱くなるようなお別れの時期がやってきました。次のステージに上がっていく子ども達の背中が頼もしくもあり、不安でもあり、初めてのお子さんの場合は保護者の方も力が入って、期待もいっぱいありますよね。

二〇二一年四月

A

「**新しい環境**」それはもちろん子どもだけではなく、保護者の方にもです。小学生の保護者になる親御さん自身も不安ですよね。保育園に勤めていて思うのが、**保育園は手厚い**ということです。小学校はティッシュ一つでも**自分で持ってくる自立**を育てますよね。また、連絡帳にしても子どもたちが書くようになります。保育園は保護者とのやり取りは連絡帳が中心で、そして保護者からの質問にも丁寧に答えています。ある保護者が「**自身の不安を連絡帳で小学校の先生に伝えたら『OK』と返ってきてショックでした**」と。でもそれが普通なのです。そういった環境の変化もまた成長につながるので、子どもと一緒に保護者の方も頑張っていただきたいですね。

そして、入園入学までは、あまり**脅さない**。「一年生になったらこれもするよ」「あれもするよ」「これを知ってなかったら学校に行けないよ」などのマイナス的な言葉を出さないようにして「**励まし**」に変えてほしいですね。「これは頑張ろうね」「お母さん応援してるね」などの安心する言葉をかけてあげてください。励ます言葉をかけて、どうしたらいいのか伝えながら受け止めてあげてください。親も子も初めての環境。親の「この子は大丈夫かしら?」という不安が子どもに伝わってしまいます。保護者の不安なところは、先輩お母さん達に聞いたり、入学説明会などに行かれる際に先生の方に質問をお気軽にされたらいいと思います。

小学校の先生に伝えておいたらいいことはありますか?

親御さんの気になることはちゃんと伝えていただきたいと思います。ただ保育園・幼稚園は小学校としっかり連携されていますので、言いにくかったら今の幼稚園・保育園の先生方に「ここがすごく心配です」「伝えてもらえたら嬉しいです」と伝えることで安心していただけるかと思います。

保護者は学校には付いては行けません。子どもを信じて送り出してあげてください。朝は怒らず笑顔で「いってらっしゃい」と送り出してあげてください。帰ってきたら「おかえり」「頑張ったね」と迎えてあげてください。子どもが先に帰っている場合もあるかと思います。それでも顔を見たらおかえりと言ってあげると、子どもも嬉しくなって何でも話せる家庭の安心感につながります。

Q 姉が登園を嫌がり、妹に影響しないか心配です。

二〇二一年五月

この春から年長の姉と同じ幼稚園に三年保育で妹が通うことになりました。

昨年、姉は朝の過ごし方ひとつでぐずって幼稚園に行きたくないとよく休むことがありました。
一方妹は小さい頃からぐずることはありません。姉妹一緒に仲良く幼稚園に通って欲しいのですが、姉の気分に妹が引きずられないか心配です。

A

「登園しぶり」……「登園拒否」と言わずにあえて「しぶり」という言葉を使わせていただきます。この登園しぶり、結論を言いますといつまでも続くものではなく、ある日突然なくなります。泣いて行かない、というのは本当に朝大変ですよね。しかしこれは一過性のものと捉えられて「そんなに長く続くものではない」と認識された方が良いかと思います。もちろん、子どもには子どもなりの理由があります。

一つは体調。体調が悪かったら行きたくない、気分が乗らない。もう一つはお友達。三歳ぐらいになってくると集団で遊ぶ楽しさを覚えていきます。友達と一緒に遊べない、友達の輪の中に入れないとか、そういう友達関係も原因の一つかなと思います。三つめは苦手なも

の。例えば運動会前、練習が始まりだすと行きたくなくなる。プールが始まると行きたくなくなる。給食もそうですね。

理由を聞き出すときは、あまり「どうしたの？　どうしたの？」と尋問するように聞かないほうがいいですね。原因があっても、子どもは意外に「これだ」と言いきれないものです。「なんかイヤ」「なんかいきたくない」。お子さんが説明するのは難しいかと思います。お母さんの方からそれとなく、こうだったのかな、どうだったのかな、と共感しながら聞いてあげるというのも一つかと思います。

年長さんというのは自分が大きくなった喜びをすごく感じる年齢です。

励ましの言葉かけも大切です。「年少さんに教えてあげようか」「手伝ってあげようか」「すごいね、年長さんだからね」というような認める言葉がけの機会や場面が出てきます。その中でお姉ちゃん自身も私が妹を連れて行ってあげよう、私が教えてあげよう、と気持ちが切り替わってくると妹さんもお姉ちゃんを頼りにすることも多くなってくるかと思います。そしてぐずるときは、**「必ず迎えに来るよ」**と声かけをしてあげてください。「早めに来るよ」「仕事終わらして来るわね」など安心感につながる声掛けをしてあげてください。

Q

仕事で不在がちな父親との関係に悩んでいます。

二〇二一年六月

六歳年長の男の子。お父さんが仕事の都合で一か月に二日間戻って、また一か月ほど出張しています。このコロナ禍で祖父母にも会えず、近所に同年齢の子どもさんがいないのでこの一年あまり、ほとんど私と二人きり。私も近所で親しくしている人がいないので実家の親にメールをするぐらいです。私もストレスが溜まっていて、子どもにどのような影響があるのか心配です。

A

自分の努力だけでは解決出来ないってどうしてもストレスが溜まりますよね。お母さんの不安がどの辺りにあるか紐解いていくと、「こういう場合はこういう風に解消しよう」「こんなときはこうしよう」となってきます。漠然と不安だ、しんどい、となってしまうと余計にしんどくなって、問題解決どころではなくなってしまいます。また、誰かに話をすることで気持ちが「そうだったのか」と気づくことって多分にあると思います。お友達がいらっしゃらない、そういうときは私たちのような存在（子育て支援者）がいます。お電話いただいたり、来ていただいたりして、話をするだけでも違うと思います。

お父さんとの接点が少ないっていうことは（お父さんと）なじみにくくなるのか、心配ですよね。その生活に慣れてしまう中でお子さんがお父さんに対する愛着がなくなることはないと思いますけれども、**薄れてくるかもしれません。**お母さんにはそこをちょっと努力していただいて、**生活の中に常にお父さんを入れておくこと**を心がけていただけたら良いかと思います。お母さんがお父さんの話をお子さんに語ってあげる。「お父さん帰ってきてこうして遊んだね」「お父さんと今度帰ってきたら何をしようか」「お父さんこないだこんなこと言っていたよ」とかお父さんがいなくてもいるように語ってあげる。

　そうすると子どもは会わなくてもても「お父さんとね、こんなことしたの」「お父さんが帰ったらこれするの」と、お子さんの中での**お父さん像が出来上がっていく**わけです。もう一つは視覚的なアピールです。遊びに行ったときのお父さんの写真を見せたり、テレビ電話をしたり。お時間があれば一緒にご飯の時間を合わせてみたりして、「お父さんは何食

べているの」と会話をしながらお食事をとるのも生活の中にお父さんがいる印象付けになると思います。そういった工夫で愛着の深さも保つことができるかもしれません。お父さんが次に帰ってくることを楽しみに思える。そして帰ってきた時にはおかえり！と飛びついたらお父さんも嬉しいですよね。

Q 趣味の時間をどこまで大切にしていいでしょうか？

二〇二一年八月

（幼稚園に通う四歳児と二歳児のお子さんがいらっしゃるお母様からです）以前から憧れていた趣味のサークルに入り、母に二歳児を預けて週一回出かけています。あいにく出かける日に二歳児が熱を出してしまいましたがいつも通り母に見てもらって出かけて、子どもの体調も戻りました。母はいいよと言って協力してくれましたが、夫からは「それはわがままだ」と言われてしまいました。母に頼りすぎでしょうか……？

A

頼りすぎということはないと思います。その時間を作ることは、**自分の人生を考えていく一歩**であると思います。すごく勇気がいった一歩であり、決心がいったことかと思います。ただ旦那さんは、「お子さんに熱があるのに趣味を優先した」ということに「わがまま」と言われたのかもしれないです。しかし、もし「**熱があるのにお子さんをつれてうろうろした**」というのであれば、その方が自分勝手な行動ではないでしょうか。このお母さんはちゃんと信頼できる預け先（お母様）に預けているということで、すでに責任を果たされていると思います。

決してわがままではありません。

子育てって大変です。その時間の中で自分のストレスをどのように発散させるか、どのようにリフレッシュするのか。自分の中でリフレッシュして子どもと向き合うことは、子どもにとってもマイナスではないと思います。

親御さん自身が自分の時間を持つということは子育ての中においてとっても大切なことです。自分の人生は自分の人生。子どもの人生は子どもの人生として考えてあげたほうがいいです。子育てだけをしていると、子育てを自分の仕事に捉えて、「子どもの人生＝自分の人生」になります。そうすると子どもの成長、成績に対してすべてが良くなってもらわないと困るわけです。すると子どもは子どもの人生を生きられない。子どもが子どもの人生を生きるためには、お母さん自身も自分の人生を生きられたら良いと思います。勝手にするという意味ではなく、子どものことを第一に考えながら、子どもに依存した人生を生きない。そのための第一歩はとても重要だと思います。子育てだけが自分の人生として生きてきた場合、自分の手から子どもが巣立ったときに、「自分ってなんだろう」と思ったり、また子どもは後ろ髪を引かれながら「悪いなぁ」と思いながら生きていく。それはどちらにとっても幸せではないです。

子ども側の目線ではどうでしょうか？

子どもにとって時間は重要ではないです。イライラした状態などで長時間一緒に過ごしても子どもにはプラスにはなりません。それならお母さんが気分転換やストレス解消をして、気持ち良く帰って来て、にこやかな顔で「ありがとう」とぎゅっとして（抱きしめて）くれた思い出の方が子どもにはとても幸せなことです。

子どもも「ぼくもお母さんみたいに頑張ろう」「なんて楽しそうなんだろう」と、自分の好きなことを見つけようとし始めます。

子どもは母親の後ろ姿を見て育ちます。お母さんがどれだけ人生を楽しんでいるか。それがとても重要だと言われています。だからこそお母さんが充実しているとお互いの人生をお互いに尊重しあいながら生きていくことに繋がるのではないかと思います。

二〇二一年一〇月

Q 外出先で息子が繋いでいる手を振り切ってしまいます。

三歳の息子をワンオペで育てているので、スーパーの買い物も子どもと一緒に行きます。コロナ禍の中、「そばを離れないでね」と言っても手を振り切って小走りで去ってしまったり。「さわらないでね」といってもわざわざさわったり。感染も気になるのでつい声のトーンも大きく高くなってしまいます……。

A

まず、「手を繋いで歩く」というのは習慣にしていくしかありません。日々の中でどうしても二、三歳というのはまだまだ抱っこの時期です。なかなか「手を繋いで歩く」というのはむずかしいので、経験を積んでいくしかないと思います。しかも、手を繋いで楽しい経験をさせてあげることが大事です。危ないときやうろうろしてほしくないとき、そういうときだけ手を繋ごうとしても、「ダメ!」「触っちゃダメ!」という注意の言葉と強い力で捕まえられるというマイナスのイメージと結びついてしまいます。日々の関わりの中で手を繋いで歩く場面、楽しい場面をつくることが大切です。

手を繋ぐことを「楽しい習慣」「楽しい時間」というふうに経験として積ましてあげないといけないということですね。

手を繋いで歩くというのはすごく大事なことです。

一緒に手を繋いで歩くっていうのは相手と歩調をあわせるということです。相手を思いやり、相手の存在を認めることでもあるわけです。

大人が子どもの歩調にあわせたり、子どもを見ながら、歌を歌いながら一緒に歩く。子どもはそういった自分のしてもらったことを覚えていきます。そうして成長する中で友だち同士で手を繋いで歩くということができるようになります。

具体的には、お散歩をしながら歌を歌ったり、手を繋ぎながらおしゃべりをしたり、出かける前に、電車が好きなお子さんには**「今からお出かけするよ、お母さんと連結するよ、ガッチャン♪」**。または戦隊ものがすきなお子さんには**「じゃあ合体するよ、お母さんするよ〜!がーったい♪」**など、やってみるというのもひとつですね。そして、お母さんが**「あそこどこだったっけ? 覚えてる?」「一緒に行ってくれる?」**と立場を逆転してみる。

そして店内では**「牛乳どこだっけ?」**と先に質問をする。このように、言葉かけも遊び感覚でかけてあげる。わざと頼ってみることで、走っていく前にお子さんがフッと立ち止まる要因ができると思います。

保育園でみていても、お家でちゃんと小さい頃から手をつないで歩いてもらっているお子さんは相手のことを思いやりながら歩けます。やはり習慣づけかと思います。

Q

落ち着きのない子どもが小学校に馴染めるか不安です。

二〇二一年一一月

現在幼稚園の年長組に通っている一人っ子です。

今は一クラスの人数が少なくて楽しみながら通っています。どちらかというと落ち着きがない方で、例えば祖父母とのオンライン電話のときも部屋を歩き回って返事をしています。ただ来年春からの小学校はたくさんの子どもたちが通うことになります。大勢の中に入って友達に馴染めるのか、授業についていけるのか、色々心配になります。今からどんな準備をしておけばよいでしょうか。

A

子どもって基本的に元気いっぱいです。じっとしていないのが子ども。自分の興味関心のあるものがそこに目に入るとそちらの方に向いて走る。性格としてじっとしてる子もいるかもしれないけれど、いろんなものに興味があって気が散る、好奇心旺盛、であるのが子どもであると思います。

大勢に臆してしまわないか、心配もあるでしょう。

少人数の中で、しっかり一人ひとりを尊重して関わってもらえた経験のあるお子さんは、自分をしっかり持っていらっしゃいます。大人数の中では、おとなしい子はずっとおとなしいまま。そういう風にも言えるので、そこはそんなに大きな問題ではないかと思います。

環境からいうと、お子さんが、どこから来た子であっても新しい環境に変わりありません。お子さんが、環境が変わったことを自分なりに受け入れて落ち着いて来られれば、お友達も作れるので大人が心配することはないかと思います。

落ち着きがない子の場合、お家でできることはなんでしょうか？

保育園や幼稚園などの教室はものがいっぱいありますよね。そうするとどこに焦点を置いていいのかわからずに集中ができない。だから、まずは**お家の中を可能な限りシンプルにしてあげる**。それが一つの対処方法かと思います。それと、集中する訓練を**ス**

スモールステップ
5分 → 10分
スゴイ!!
ほめてあげましょう!!

モールステップで作ってあげる。たとえば子どもは自分の好きなものだと集中します。五分でも集中できたら次は十分、というかたちで少しずつ伸ばしていく。落ち着いて遊べたら、「集中できたね」「座っていられたね」と認めてあげてください。コツとしては、絵本を読んだりする場合は**壁側に向かわせて**あげる。お母さんがお話するときもお母さんが壁側を背にしてお子さんが壁側を向くようにしてあげてください。

本当に心配される場合は相談機関・専門機関の方に行かれることをお勧めします。幼稚園や学校の先生に相談するのもいいかと思います。行政機関では保健師さんが相談に乗ってくれる日もあります。そういう所にまずきっかけとして行かれたらいいかと思います。

二〇二一年一二月

Q イヤイヤ期で困っています。

三歳の男の子のお話です。ベビーカーに乗っている頃から近所のショッピングセンターなどのエレベーターに乗るとき行先のボタンを自分で押したがるので押させていました。そんなことを続けていたのでイヤイヤ期の今は他のお客さんが押したり、別の子どもさんが先に押したりすると大泣きして気まずい雰囲気になります。時間に余裕があるときは次のエレベーターに乗りなおすと泣き止むのですが、乗りなおさなくても納得する方法はないでしょうか。

A 三歳は特に「自分の思いを通したい」という気持ちが非常に強くなる時期です。ただその一方で、「自立」という自分の気持ちができてきている時期なので、エレベーターを乗りかえることで問題解決をするのではなく、お子さんとしっかりと話をする。乗る前などに、「そういうこともあるよ、どうしようか」などの、お子さんに考えさせて選択権を与えてあげるということが大事です。しかし一回言ったから治るわけではない年齢です。「できないこと」と「できること」との間で想いが揺らいでいるのが三歳です。

まずボタンを押したい気持ちは共感してあげて、「そうだよね」「したいんだよね」「でも誰かが押したらどうしようか」とイライラせずに静かに、繰り返し話をしてあげることが大事かなと思います。

三歳頃のお子さんは命令されることを嫌がります。自分で決定権を持たせてあげることで随分とスムーズにいくこともあります。

この時期のお子さんというのは、いわゆる「第一反抗期」といわれる時期に入ります。

三歳は、どちらかというと「**第一反抗期**」。

「イヤイヤ期」は一歳半から二歳ぐらいのときによくおこる、なんでもイヤイヤと言ってみたくなる時期。イヤイヤ期は○か×か。「AかBのどちらにする？」と言うと、わりとスムーズに進んで「じゃあ、○」という風に答える。お母さんが誘導すると納得しやすいです。三歳になると自我が芽生えて自己主張が激しくなってくるので「Aにする？　Bにする？」ときくと「どっちも嫌！」というのがこの時期です。

三歳の第一反抗期というのは、「自立したい」「自分がしたい」など自分の思いがすごくつのって、でもその反面、「頼りたい」「甘えたい」気持ちがある。

例えばお買い物も、本人は「今遊んでいるから今行くのは嫌」「でも一緒に行きたい」という気持ちがあると結局どっちも嫌になりますよね。

「これをして欲しいな」ということに対しては「何々してくれたら嬉しいな」と、お子さんが動いてくれるような言葉か

けをしましょう。そして、ブロックで何か作っていた場合、「これは帰ってから作ろうか」「そのままおいておこうか」という続きがあるよという言葉を言ってあげることが子どもの気持ちを切り換えるために必要ですね。

「買い物についてきてくれた」ことについてもありがとうという言葉を伝えてあげることで子どもさんは「良かった」と思えます。そしてまた「続きが遊べる」っていうことを今後続けていくことで「続きがある」という気持ちが持てるようになります。

お母さん自体の心のゆとり、時間のゆとりも大切です。

反抗期のお子さんと付き合うことは、お母さんの方の心のゆとりや、ストレスをいかに解消できるかが大切になるかと思います。

Q「課金」したいという子どもの気持ちとどう向き合うべき?

二〇二二年二月

幼稚園の年長組に通っている男の子です。スマホゲームに子どもが夢中になっています。母親である私のスマホを使うので長時間することはないのですが、最近では「課金をしたい」と言い出しました。「このおやつを我慢するから課金していい？」と聞いてくることもあります。
周りの人から課金してゲームを楽しむのはまだまだ早すぎると言われますが、楽しみたい子どもの気持ちもわかるので、正直どうしたものかと悩んでいます。

A

楽しみたいことをさせてあげることは子どもに寄り添っていますが、この場合はちょっと勘違いかなと思います。例えば、信号が赤信号で「赤信号だけどあっちに行きたい」「早く行きたいからあっちに渡りたい」と言ったとしても、子どもに「渡っていいよ」と言えるかどうか。「赤信号は止まるんだよ」「危ないんだよ」と教えてあげるのが親の役目ではないでしょうか。

まず「**課金**」とはキャッシュレスです。

目に見えないもので目に見えないものを買うということは、子どもとしては実際にものが動いてるわけではないので、金銭に対する感覚がすごく薄れてきます。

実際に要るお金が例えば二千円なら、「この二千円では何が買える？」という質問をするなどの体験が必要だと思います。小さい頃に備わった感覚がそのまま大人になったときの基礎に繋がってしまいます。

「金銭感覚」というのは、それぞれ育ってきた環境や、経験によって異なります。小さい頃にいろんな楽しい経験をしながら、失敗したり成功したりした経験を積み重ねていくことで養われていくものです。まだこの幼稚園児さんにとって金銭感覚というものが備わっていなくて当たり前です。これを買いたいということを親に相談した場合、それが本当に必要か。どこに使うものなのか。なぜ欲しいのか。という対話が大事かなと思います。それを買ったときにその子がどう感じるか。これはやっぱりいらなかったな、と感じることも必要かもしれません。一概にダメだと言っているわけではなく、まだまだ一緒に大人が考えてあげてほしい年齢です。

ゲームの話はいっぱいして、家族で一緒に楽しむといいと思います。ただ、ゲームをする以上はある程度の制限はかけたほうがいいでしょう。

まず、時間を決めてあげる。これは発達に対しても視力低下に対してもそうです。「ゲームをする前にこれだけすましておこうね」

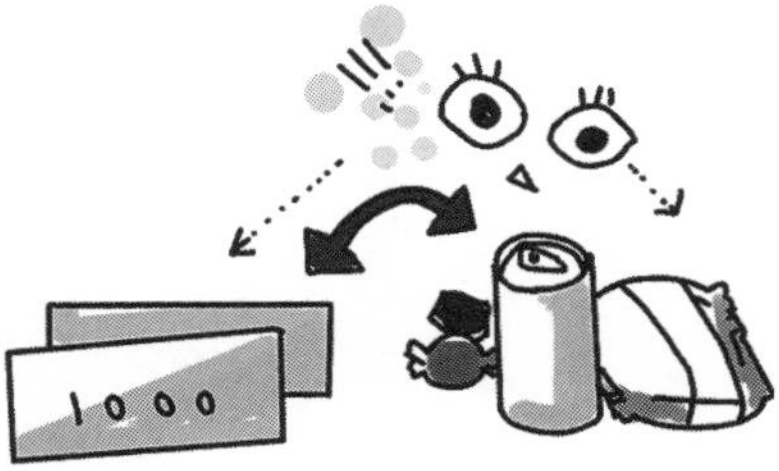

「宿題が終わってから」「鞄の片付けが終わってから」「それが全部終わったらいいよ」としましょう。また、目の前でゲームをしている姿を見てあげる。画面は見えないかもしれないけれど、雰囲気を見てあげる。そして、たまには全くゲームをしない日を作って他の楽しい経験をしてみたり、目を休めるためにもそういった日を作られるといいかと思います。

親が理解してくれているという安心感はゲーム依存症を防ぐことにも大事です。

二〇二二年四月

Q 思ったことをすぐに口に出す反面、活動全体に時間がかかります。

四月から一年生になる男の子の親御さんからのご相談です。幼稚園の先生から園での様子を聞きました。「話をすることが好きで、思ったことや気付いたことをすぐに言葉にしますが、反面、お友達とのやり取りの中では自分から思いを言いだせないようです。また、手先や身体を使うことが苦手で、活動全体に時間がかかっています」と言われました。親としてどんなことを心がけて接したり、声がけをすればいいでしょうか。

A

幼稚園の先生のお話は、次に小学校にいかれるお子さんの**「こういう部分で困られる場面があるかもしれませんね」**というお話で、「お母さんにどうにかしてください」というものではないと思います。ただ、お母さんが**「こういうこともあるかもしれない」**と知っていらっしゃる方が、(入学してからの)お子さんのサポートをする場合に冷静になれる場面があるかなと思います。

今、コミュニケーションが苦手なお子さんは多いです。お子さん同士、コミュニケーションが苦手でのやり取りになってしまうと、どうしてもぱっと言葉の出ないお子さんは「んっ」と口ごもることがあると思います。

ひとつできることは、お母さんがお子さんのお話を聞くときや、絵本を読むなかで、その都度「楽しいね」「こまったね」と**気持ちを言葉として伝えてあげる。**そうすることで、お子さんは「こういうときは嫌なんだ」「嬉しいって言えばいいんだ」という、経験のひとつになっていくと思います。

「活動に時間がかかってしまいます」という、手先や身体を使うことが苦手というのは一つの個性なので、だからといって「体操教室にいきなさい」とか「工作の教室に行きなさい」ということではないです。その困ったときにどう対応するか。例えば、どうしていいかわからない活動に対して「わからない」「先生どうしたらいいですか」、友だちに「ちょっと待って」、そういうときにはこうしたらいいよという言葉がけをして、安心させてあげることではないかと思います。

なお、幼稚園・保育園との段差から生じる様々なトラブルのことを「**小一プロブレム**」と呼びます。

小学校に入って、不安や困りごとでついつい落ち着きがなくなったり、椅子にじっと座れなかったり、先生の話が聞けなかったり。こどもが困ってそういう行動にでてしまうことがあります。

子どもが困る三つの不安要素があります。

●**登下校**　登下校コースの練習をしておきましょう。

●**給食**　無理強いせずにいろんな食材を経験させて、食べられたら褒めて認めてあげましょう。

●**時間の区切り**　十分、十五分、集中させる時間帯をつくって時間感覚を意識させてあげましょう。

Q 新生活を過ごす子ども達の様子が知りたいです。

二〇二二年五月

入園して一週間。保育園はどんな様子ですか？

A まだ始まって一週間。元気いっぱい泣いていますね！　言葉では十分に喋れない子たちですけれども、泣いて自分の気持ちを表現しています。初めてお子さんを預けられる保護者の方にとって、中の状況が分からないという不安、自分の子がどのように対応してもらえるのかもわからない、見えない。そこに対する不安というのはすごく大きいものがあるだろうなと思います。

はじめてお子さんを預ける保護者の方へお伝えしたいのは、まず、「**お子さんを保育園に預けると言うことは決して悪いことではない**」ということです。これを前提としてお話をさせていただきます。子どもは社会の中でたくさん経験を積みながら成長していきます。親からいっぱいの愛情を受けて育つこと、それもとても大切なことですが、いろんな人にたくさんの愛を受けて育つことが、その子の今後生きていく上での財産になっていきます。「自分が確かに愛されていた」と感じながら集団生活をおくって、人間関係を紡いでいくことはすごく大事なことです。それに対して、幼稚園・保育園というところはその愛情をいっぱい子どもが受ける場所なので、保護者の方には安心していただきたいなと思います。

小学校の新生活についてはどうでしょうか。

年齢が上がってくると、期待と不安が常に交互に襲ってきているかと思います。初めて小学校に入るときはみんなドキドキです。でもみんな表し方が違います。人それぞれ、お子さんの性格によって、緊張してしまって泣いてしまう子、緊張をほぐすためにテンションを異常に高くあげてしまう子、へらへら笑ってしまう子、固まって動けなくなってしまう子。表し方はみんな違うけれど、初めての環境にかまえているその気持ちを保護者や周りの大人たちがあたたかく受け止めて、抱きしめてあげられたらいいと思いますね。

どんな声掛けをすることで、お子さんをほぐせるのでしょうか。

小さい年齢でも一年生でも、まず担任の先生との関係に不安な部分があると思うのですが、名前を知らない「先生」ではなく「そうかあの○○先生はこう言ってたんだね」とか「○○先生は楽しい先生だね」「○○先生はやさしいね」と**固有の名前を言ってあげる**ことで、子どもが先生に近づいていけるのではないかと思います。

そしてまた学校のスケジュールで「明日はこうなんだって、楽しみだね」と前を向くようなお話をお子さんとしていかれるといいと思います。「明日はこうなんだ、楽しみだな」と少し落ち着ける。

もちろん、いろんなことがあると思います。そのときに子どもの方から話してくることに関してはどんどん聞いてあげてください。「それは違うよ」と否定はせずに、すべて聞いてあげてほしい。「そういう風に感じたんだね」や、困った時は「困ったね、お母さんはどうしたらいい？　先生に聞いてあげようか」「自分で聞く？」という選択をさせてあげる。

ある程度先生との関係ができてくると、それが自分でできるようになります。お子さんと一緒に考えて行動することで、お子さんが次につながる行動を考えて、できるようになっていくと思います。

その結果、それが言えても言えなくてもいいわけです。そこで考えた、やった。それがその子の経験になっていきます。子どもと一緒に関わって相談してあげる。そうすると、子どもは「相談できる相手がいる」「家に帰ったら話を聞いてくれる人がいる」それが学校生活での勇気につながっていくと思います。

Q 内弁慶な娘が心配です。

二〇二二年六月

年長組の六歳の女の子です。家では大きな声でおしゃべりをして、上の兄ともよく口喧嘩をしています。しかし内弁慶なので人前で発表するのは大の苦手。ピアノの発表会も逃げてばかりで参加せず。スイミングもかなり早いタイムで泳ぐのでコーチから特別コースを勧められましたが、絶対に嫌だと言います。ただ泳ぐことは好きなようで、普通コースでお友達が辞めても続けています。親としてはチャレンジをして

自信をつけて欲しいのですが……。

A 内弁慶は決して悪いことではありません。内弁慶というのは、外と内の見極めが出来ている。他人と親がちゃんとわかっているからこそ、そういう変化がみられます。また、家で安心して、自分らしさを出している姿は、「その子らしくいられる環境があるということ」。それは家庭の中に平和があると捉えて、親子関係が良好だと自信をもっていただけたらいいと思います。

内弁慶は色んな要因があり、一概に大丈夫ですよと言えないところもあるかもしれませんが、一般的なお話をさせていただくと、「**遺伝**」というのがあると思います。ご自分の子どもの頃を思い出されると内弁慶だったかもしれない……。内弁慶だった自分を思い出したときに保護者の方は「せめて子どもは……」という風に思い返すことがありますね。

もう一つの要因は「**年齢**」です。小さい頃は不安になります。また、「環境」。自分が経験してきた環境が大きく影響してくると思います。例えば、外でお友達と喧嘩をして嫌な思いをした。そうすると、もう喧嘩が嫌だからお友達に何も言いたくないと思ったり……。また、先生に注意を受けてすごく嫌な思いをした。そうすると嫌な思いをもうしたくない。いい子でいようと思う。そして、失敗をして笑われたという経験があると、目立ちたくないという気持ちになりますよね。**外でそのような嫌なことがあったお子さんはどうしても外で我慢していることが多いです。そうすると家に帰ってきていっぱい話がしたかったり、いっぱい自分を表現してみたかったりします。**いろんな要素を考えながら、お子さんと関わりを持つと改善していけると思います。基本的に内弁慶自体を深刻にとらえる必要はないです。

内弁慶が悪いというイメージがつくような言葉がけはやめたほうがいいと思います。内弁慶のレッテルを貼られると「私は内弁慶でだめなんだ」と思ってしまいます。そこを、気を付けてあげてほしい、内弁慶を克服・矯正する必要はないと思います。結果を褒めるのではなく、「頑張っているね」「お友達もやめたのにあなたは偉いねよく続けているね」というような経過をしっかり認めてあげることが大事かと思います。

「親としては自信をつけてチャレンジをしてほしい」というときにはどういった声掛けが必要でしょうか。

「チャレンジ」というのは、お子さんの気持ちがどこまで育つかが重要です。お子さんは、実は現状に満足しているかもしれないし、逆かもしれない。そこを保護者が見分けて、「それをしなければダメなわけではない」ということ、「チャレンジしてもしなくてもあなたはあなた」という**待つ姿勢**が大事かと思います。保護者の方ができることは、いろんなところに一緒にでかけて、いろんな方と関わりをもたせてあげることです。「行っておいで」ではなく、新しいところへは一緒に経験をしていく。またお母さん自身の人間関係の中で、お友達と楽しそうに喋っている姿をみせてあげると、人間関係を学ぶ上で「お友達とはこんな風に楽しく過ごすんだ」ということがわかってくる。いろいろな経験を積む中で変化していくものなので、保護者がしっかりと「あなたはそれでいいんだよ」と認めてあげられたらいいと思います。

Q よく兄弟げんかをします。

二〇二二年七月

二歳半と一歳の男の子の子育て中です。弟のすることを兄が「ダメダメ」と言って弟がよく泣かされています。

例えば、兄が積み木で遊んでいるところに弟が来ただけで大きな声で「ダメ」と言ったり、飼っているメダカの水槽に弟が近づくと他のことで遊んでいた兄が「ダメ」と止めたりします。兄弟仲良く遊んで欲しいのですが……。

A

「けんか」と聞くと悪いイメージがあるようですが、実は成長の証です。これから子ども達が社会に出たときに決して思い通りになるわけではない。また理不尽なことも起こります。

それに備えて、「兄弟げんか」はコミュニケーションの基礎を培い、成長をする機会と捉えるといいと思います。「けんか」から学ぶことはたくさんあって例えば、**相手の気持ちを理解する**、**手加減をする**、**ここは我慢しよう**、などの人間関係を、兄弟であれば心置きなく経験ができます。ただ今回、二歳半のお子さんの「ダメダメ」というのは、いろんな「ダメ」があります。

いじわるのように「ダメダメ」と言っているように聞こえますが、そういうわけではない。例えば、弟が積み木の所にきたとして、お兄ちゃんとしては「**遊んでいる所に入れたくない**」という感情ではなく、「**せっかく遊んでいる所を潰されたくない**」という防衛的な気持ちを「イヤ・ダメ」という言葉にかえているかもしれません。メダカの水槽に近づいたときは、「**危ないよ、行ったらダメだよ**」という弟を守る気持ちがあるのかもしれない。そのように「ダメ」のなかにもいろんな思いがあります。

● お母さんとしてはどのような声掛けをしたらいいでしょうか？

例えば積み木を触りに来たときに「ダメ」と言ったとしたら、「そうだね。一生懸命作っているからごめんね」とか「上手に使っているよ、お兄ちゃんのこれ見てごらん」というような、お母さんがお互いのサポートをしてあげることが必要かと思います。

「けんか」に関してはどの年齢も中立というのは常に必要です。子ども同士で折り合いをつけながら、お互いの気持ち、ルールを決めながら対処法を学んでいく機会になります。

けんかは仲裁をする必要はないです。「話を聞いてあげる」「代弁をしてあげる」ことがとても大事になるかと思います。

●もう少し大きいお子さんが兄弟げんか。この場合どうしたらいいでしょうか？

まず、兄弟同士はお互いに「お兄ちゃんばかりいい思いをしている」「弟ばっかりが叱られずにすんでいる」というような、『ライバル視』という感覚が原因となっていたりします。そして、「かまってほしい」「こっちを見てほしい」という気持ちが、余計なことをするつもりはなかったのに、相手を泣かせてしまう。また、家が安心できる空間＝ストレス発散の場所になっているかもしれません。

対処法のひとつとしては「見守る」「すぐに手を出さない。止めない」ということです。少し様子を見てお互いに解決できそうか見ることは大事です。ただ、怪我に繋がることや、他人に迷惑がかかる事態が発生するかもしれない場合は止めに入りましょう。

そしてけんかを止めた後、それぞれの話を聞いてあげる。それも決めつけではなく「そうだったのね」と子どもの気持ちを共感的に聞いてあげましょう。両方の話を聞いた保護者は代弁者。相手の気持ちを伝えてそのあとルール決めですね。「こういうときはどうしようか」と、子どもと一緒に話をされたらいいと思います。

話をして仲直りできた時は二人をしっかり褒めてあげてください。けんかをしたことを責めるのではなく、仲直りできたことを褒めてあげてほしいと思います。

Q 食べ物の好き嫌いをどうすればよいでしょうか？

二〇二二年八月

四歳男の子ですが、酸っぱいものが嫌い、初めてのものは絶対に食べない、とにかく喜んでぱくぱく食べるということが少ないです。お菓子もおまけにつられて買ったものは少し食べますが、子どもが好きそうなケーキを買っても少し食べてすぐにいらないと言ってしまいます。どのように工夫すればいいのかわかりません。

A

まず、本能の話をさせていただくと、人間は苦いものやすっぱいものを毒の味という風に本能として拒否するようです。

一般的な食べない原因として考えられることは、「初めて食べるもの」、または「アレルギー」として身体がそれを欲していない、受け付けていないということもあるかもしれません。そして「食感」。熱さ冷たさも含めて食感がその子の好みの食感ではない。さらに、「親が偏食である」場合、本能の部分で食べられないことがあるかと思います。

または、「お腹が空いていない」。同じ年齢のお子さんでも体の大きさが違い、量は個人差があります。もう一つ挙げれるのは「食べた後に嫌な経験がある」と食べられないことがあります。食べた後にもどしてしまったり、下痢になってしまったりすると嫌な思い出として直結するので食べられなくなる。大人でもそうですよね。お子さんはとくに、そこに直結してしまいますね。

お悩みのお子さんは四歳。二〜三歳と四〜五歳のお子さんの対処法は少し違います。

二〜三歳のお子さんに保育園では、食べたくなる盛り付け、調理法の工夫をしています。この間の七夕まつりの給食は、ちらしずしの人参を星型にしたり、スープにはオクラの星が浮いていたり。また、苦手なものをうさぎ型に抜いておかずの中にいれると、子どもたちが探して「見つけた！」「できた！」と会話をしながら楽しく食べます。

無理に食べさせることは「食事がしたくない」というネガティブなイメージになるのでNGです。「楽しく食べる」これはどの年齢にも言える大事なことですね。また食物を擬人化するのもひとつです。「人参さんがやってきて、食べてっていっているよ」などのように見立てあそび、ごっこあそびをしながら擬人化して何を食べているのか子どもたちに注目させてお話することで安心をする。二〜三歳のお子さんにはそういう工夫をするのがいいと思います。

四〜五歳ぐらいになってくるとお話ができるようになって、なぜ嫌なのか聞いてあげることができます。例えば、人参そのものが嫌な場合には細かく刻んだり、すりおろしたりできますよね。また一緒に料理できるようになると、食物への馴染みや安心感にも繋がります。

「○○ちゃんが作ったのは美味しいね」と一緒に食べると作った側の気持ちを共有できる。

四～五歳くらいになるとどうしてもマナーに厳しくなりがちですけれども、手をあわせたり、椅子に座れたり、子ども自身で出来る環境を作ってあげることも工夫かと思います。とくにご飯を食べ初めたお子さんは大人の噛む姿を見て噛むことを覚えます。マナーも、親を見ているところがあります。できるだけ子どもだけで食べさせるのではなく、家族で一緒に食べる時間を作ってもらえたらなと思います。

コロナ禍に関するQ&A

Q 長い自粛期間、親子でどのように過ごしたらいいのか？

二〇二〇年四月

A 一日をどういうサイクルで過ごすか、**デイリープログラム**を考えてみてはいかがでしょうか？

こうしなさい、ああしなさいと親がいってもなかなか素直に聞けない子どもたちですが、一緒に「じゃあどうする？」というふうにプログラムを考えることで子どもたちも達成感がでてきます。

ＹｏｕＴｕｂｅもゲームもやっぱりあきてきますよね、子ども自身。だから我慢する時間を作ってあげることでまた楽しみがでてきます。

ねばならないにならなくてもいいので、だいたいのプログラムを立ててみてはいかがでしょうか

プログラムの中の一つで**お手伝い**という時間を作ってみるのもいいですね。

「これはあなたの時間ね」と任してしまうことで肯定感と達成感を同時にもてる、すごく大事な時間だと思います。大事なのは子どもの目の前でやり直しをしないことです。

素直なきもちで「**ありがとう!**」といってあげたいですね。

小さな子どもたちはどうしたらいいでしょうか?

室内でもからだをつかう遊びや、またはあたまをつかう遊びなんかがいいかと思います。

たとえば**なぞなぞ**とか**しりとり**は脳を活性化させるのにもいいか

と思います。

家の中での**かくれんぼ**もいいですね、でもまだ小さいので一緒に隠れるんです。

ワクワクドキドキしながら「しぃーっ」と言ったりして。

お布団をかぶって懐中電灯を持って探検気分を味わってみたり、とても楽しいです。あと風船にセロファンテープを巻きつけると、跳ねやすくなって、お部屋の中でも身体をつかって遊べます。室内用のトランポリンもストレス発散もでき、情緒も落ち着いて、とてもいいですね。

二〇二〇年六月

Q 外で体を動かすのが大好きなお子さんにはどんな弊害が起きてくるのでしょうか？

A 正直初めての経験なので、今後子どもたちの精神面にどういう影響を与えるのかというのは、ある意味未知かもしれません。しかし、大人が感じているストレスを子どもも一緒に受けてしまうということは考えられますね。

親御さんが受けているストレスが影響する？

お母さんの方が神経質になってしまって、イライラしたりとその環境の中で子どもたちが過ごしているとどうしてもその子どもは、親の顔色を見たりと小さいながらにあると思います。また、十分に体を動かせないところから熟睡できていない。

赤ちゃんがえりのように異常に甘えてみたり、言葉ではなくすぐ泣く。

そういう精神的な変化が見られたりするのではないかなと思います。

どういうことに気配りすればいいでしょうか？

どんなに小さくても**生活リズムをつける。**

幼稚園や保育園に行ってなくても、同じような時間に起きて同じような時間に寝る、という普通の生活です。朝ごはんを食べてお昼、夕食をちゃんと食べてほしいですね。

そしてバランスの取れた食事を一食でもいいからちょっと頑張ってみる。

また**メリハリをつける生活**ですね。

例えば親子で一緒にお絵描きするのも、絵の具を使ってみよう！などストレス発散に繋がっていくと思います。

おしゃべりができるような年齢だったら、相談しながら「●●ちゃんお当番ね。今日何する？」と聞いてあげて、好きなことしてあげるのも楽しそうですね。

指をしゃぶったりする時期のお子さんの手洗いはどうすればいいでしょうか？

お母さんが包むように手を洗ってあげてください。歌を歌いながらなど、なんでもいいですが、楽しみながら手を洗って遊びの一つとして組み込むのもいいかもしれません。

Q コロナ禍に思うこと

二〇二〇年七月

できていたことができなくなっている……ということがあって、保育園では二回目のならし保育が必要となっているような状況です。学童保育へ通う一年生の子に「学校どう？　何年生？」と声をかけると「たぶん一年生」と答えたんです。

やはり本来、一年をかけて心と体がともなって成長していくところですが、いきなり六月から始まって、何もわからない、自覚のないまま、不安なままで進んでいますよね。何が起きるか、どうなるのか、という子どもたちの気持ちの安全を大事に。まず私たち大人がどれだけ寄り添ってあげられるかということが大事ですね。

● 寄り添うにはどうしたらいいでしょうか？

A　まずは気持ちを聞いてあげてほしいです。**不安な気持ちを話せる雰囲気作り。**「もっと頑張ったらいいのよ」とか「みんなそうだよ」とか、そういうことではなく、

「そうなんだね。不安だね」など、不安な気持ちを肯定しながら聞いてあげてほしいなって思いますね。不安って言葉を出せない子どももそこを聞いてもらい、話すことで自分の気持ちがわかりやすくなります。親が不安になっちゃうと子どもは語れなくなるので、そこはグッと我慢してあげてほしいなと思います。

不安になりすぎると聞きだしたくなるんですね。どうだった？　今日はどうだった？　大丈夫だった？

それをやられると子どもは喋れなくなるので、喋りたい時にちゃんと聞いてあげてほしいですね。

●では幼稚園に行かれている方とか小さいお子さんの場合はどうでしょう。

夕方のちょっと涼しくなった時間に少しの時間でいいので散歩をしてみるとか気分転換をはかる。

いつも通りのお母さんとお子さんとの関係の中でちょっと気分転換をするぐらいの心のストレッチみたいな気持ちで、少し柔らかくしていく方法を見つけていくのはいかがでしょうか。

低学年は?? 高学年は??

集中力がなくなってきているお子さんとは、会話をしながら神経衰弱などのカードゲームで楽しく集中力を取り戻していくことができるのではないでしょうか。

また高学年になってくるとイライラして自分自身の中で閉じこもってしまいがちのところもあるかもしれませんがさりげなくサポートしてあげたいですね。

今度いつ休みになるとか、どこどこ行こうかとか楽しみを作ってあげる。

例えば、今度のお休みなどちょっと先の目標を持たせてあげる。

二〇二一年七月

Q 園児への影響について

二〇二〇年、まさか一年後もこの状態であるとは想像してなかったですね。保育園では子どものいない日が続くこともあり、行事どころではない状況の中で一年を過ごしてきました。正直ちょっと疲れが出てきた感が否めないかな……と思います。

家でも心配や不安が募ってくると大人もイライラしてしまいます。そのイライラと落ち着かない状況を子ども達は敏感に感じとります。「よく泣き出したり」「ソワソワしたり」とそういうお子さんも多く見られるようになってきたと思います。〇歳児さんが物心ついたときには周りの大人たちは全員マスクですよね。

マスクをつけているのが当たり前になっています。保育者はマスクをして初めて認識してもらえるような状況です。〇、一、二歳にとって表情はとても大事なものです。大人の表情を読みながら子どもたちは成長していきます。「**目は口ほどに物を言う**」といいますが、**目だけでは伝えるのは無理です**。「駄目だよ」は、「いったいどのだめなのだろうか？」「本当に駄目なのだろうか。」「許してもらえる程度なのか」そんな微妙な差も全部表情から読み取ります。表情筋って動かさないと固まってきます。顔全体があっ

ての表情なので、子ども達の成長に対してマスクは危惧するところがあるのではないかと思います。特に小さいお子さんって口元から、表情だけでなく「食べる」ということも見て学んで、真似をしていきます。また歌う時など「大きく口を開ける」ことも大切です。今のままでは喋っても誰が喋っているのかわからない。そうすると集中力が欠けてきて、どちらを向いていいのかがわからない。例えば、「いないいないばぁ」とかの「ばぁ！」が伝わらない。

子どもにとっての一年はすごく成長できる一年ですが、そのぶんその影響とは？

今感じるところは、表情の乏しいお子さんがでてきたかなということ。コミュニケーションがまだまだ育っていないお子さんにとって「**表情を読みとることの経験不足**」となってきているのかと思います。

どのようにして過ごすのがいいのでしょうか？

お母さんや周りの大人たちがいっぱい関わってあげてほしいです。

一日五分でも、お風呂でもいいのでマスクを外した状態で、これは怒っている顔とか、これは笑っている顔とか、そういう表情を見せてあげられるような遊びをしてあげてください。

ミルク三十周年を迎え

活動当初と今の子育て支援の違いとは？

二〇二二年三月

設立当時（一九九二年）は「子育て支援」が必要だと国として動き始めたばかりでした。正直、子育て支援はこうですよ！と喋れる人はいなかったです。私自身も「よし！ 子育て支援をしよう」なんてそんな大きな思いはなくて、単に人の役に立てることがあればと思って始めました。

「ミルク」という名前にしたのにも、思い入れがあります。

子どもはお母さんお父さんが大好きです。世間に「なんなのこのお母さん、お父さん」と見えたとしても、子どもには一番大切な、一番大好きなお父さんお母さんです。だから、私たちはそのお父さんお母さんたちの笑顔を守ることが、実は子どもの笑顔を守ることだと感じたわけです。「私たちは、親から子どもをとることはしてはいけない」という自分たちの気持ちを諌める意味においても、「母乳にはなれないけれど粉ミルクのような頼りになる存在でありたい」という、いつまでもその気持ちを忘れないという思いも込めてミルクという名前にしました。

お父さんお母さんの抱える悩み自体は、今も昔も大きく変わらないです。例えばイヤイヤ期であったり反抗期であったり、子どもの成長について昔と大きく変わることはありません。ただ環境は変わってきています。

そういう中で最初は子育ての相談が多かったけれども、徐々にお母さん自身の心の悩みであったり、夫婦の問題であったり、お姑さんお舅さんの悩みであったりというところまで広く話を聞くようになってきましたね。

現在は子育てにおいて、お母さん達は情報をたくさん持たれています。簡単に情報を得られますよね。そこの部分で頭でっかちになっていたり、偏っていたり、余計に悩みを膨らましている方も多いです。「うちの子は○歳になってもこれができない」とか「○○（障がい名）ですか？」と、今まで「うちの子大丈夫ですか？」程度のことだったのが、知識をもって聞いてこられるようになってきたと感じます。

その「お母さんの困りの部分」「お子さんがどの部分に困っているのか」、また「今後こういうところで困るかもしれないね」というお話をさせて頂きながら、じゃあ私たちはサポートとして何ができるのか、「困った、困った、困った」ではなくて、「前向きな何が出来るのか」というお話をさせて頂いています。

例えば、目の不自由な方であれば、手をひいて教えてあげるのではなく、腕を持ってもらうような、「その子に合ったサポート」がなんだろうというお話を一緒になって考えさせて頂きたいなと思っています。「一人ではないよ」というメッセージを活動当初からずっとさせて頂いております。それは今後も変わらず、伝え続けていきたいと思っています。

頑張ってるお父さんお母さん、今、子育てをしていることがすでに頑張っていらっしゃいます。お父さんお母さん達がもし、心が疲れたり、体が疲れたら、あなたのすぐ近くにミルクがあります。覗いてください。ぜひ、お声かけください。一人ではない。一緒に子どもさんの成長を見守らせてください。

プロフィール

小泉雅子

公立保育園の保育士を退職後、子育て支援の必要性を痛感し、1990年保育スペースとして自宅を開放し、預かり保育を始める。

1992年「保育ネットワーク・ミルク」を設立。

預かり保育活動を継続しながら、子育て相談、子育て関連セミナー講師、保育付講座・イベント等の保育士派遣を行なう。

ミルクを「コミュニケーションを豊かに経験する場」として充実させる傍ら、1990年から2005年3月まで三田市健康福祉課主催「母と子のふれあい教室」保育士を務める。

2001年「保育ネットワーク・ミルク」NPO法人認証により理事長就任。

2003年10月から2016年3月まで神戸電鉄株式会社運営、私立よこやま保育園開園と同時に園長に就任、認可保育園にてミルクの保育理念を実践。

2004年度・2005年度兵庫県少子対策推進協議会推進委員。

2016年三田市小規模保育施設「ミルクたんぽぽ園」を開園、園長就任（現職）。

神戸新聞社「マイベストプロ」子育て・育児の専門家。

駅前子育て交流ひろば子育て相談員「子育てアドバイザー」。

ハニーFM（エフエムさんだ）「ハニーサウンドカフェ『子育て応援します』」毎月1回生出演。

月刊情報誌CO-OP『ステーション』～一緒に考えましょ！子育て、親育て～コーナー解答者。

丹波市子育て支援ポータルサイト監修。

阪神間の子育て講座の講師としても地域の子育てを支えている。

今日もひとりごと　～笑顔ときどき涙～
時代をこえても届けたい　日々の子育てメッセージ

2023年8月17日　第1刷発行

著　者　小泉雅子《こいずみまさこ》

イラスト　小泉加奈子《こいずみかなこ》

編集協力　ミルク30周年事業実行委員会

発行者　太田宏司郎

発行所　株式会社パレード
大阪本社　〒530-0021　大阪府大阪市北区浮田1-1-8
TEL 06-6485-0766　FAX 06-6485-0767
東京支社　〒151-0051　東京都渋谷区千駄ヶ谷2-10-7
TEL 03-5413-3285　FAX 03-5413-3286
https://books.parade.co.jp

発売元　株式会社星雲社（共同出版社・流通責任出版社）
〒112-0005　東京都文京区水道1-3-30
TEL 03-3868-3275　FAX 03-3868-6588

装　幀　河野あきみ（PARADE Inc.）

印刷所　中央精版印刷株式会社

ISBN 978-4-434-32343-0　C0037